NAÎTRE
GRANDIR
DEVENIR

BERNARD THIS
RAYMOND BELAICHE

Déjà père avant la naissance

Rencontre entre un psychanalyste et un obstétricien

Belin

NAÎTRE, GRANDIR, DEVENIR
Collection dirigée par Danielle RAPOPORT et Agnès GRISON

Dans la même collection :

Jean-Vital de MONLÉON, *Naître là-bas, grandir ici. L'adoption internationale*

Danielle RAPOPORT, Anne ROUBERGUE-SCHLUMBERGER
Blanche-Neige, les sept nains et... autres maltraitances. La croissance empêchée

Jean-Paul DOMMERGUES, Guy LEVERGER et Danielle RAPOPORT
Droit de savoir, savoir dire. L'enfant malade

Catherine SELLENET, *L'enfance en danger. Ils n'ont rien vu ?*

Danielle RAPOPORT, *La bien-traitance envers l'enfant. Des racines et des ailes*

Olivier FRESCO, *Entendre la douleur du nouveau-né. Aux confins de l'oubli*

Claude-Suzanne DIDIERJEAN-JOUVEAU, James MCKENNA, Jacky ISRAËL,
Comment dorment les bébés. Pour ou contre le sommeil partagé

Hélène SALLEZ, Bernard THIS, *Tous jaloux ? Lorsqu'un autre enfant paraît*

Bernard THIS, *La maison verte. Créer des lieux d'accueil*

Christine TOFFIN, Dominique SEBAN-LEFEBVRE, *L'enfant qui n'entend pas. La surdité, un handicap invisible*

Évelyne BOUTEYRE, *La résilience scolaire. De la maternelle à l'université*

Catherine SELLENET, Didier DAVID, Claudine THOMÈRE, *La médiation familiale. La régulation des litiges familiaux*

Georges ARBUZ et Danielle RAPOPORT, *La bien-traitance au soir de la vie. Avancer en âge*

Catherine WEISMANN-ARCACHE, *Les surdoués. Du bébé à l'adolescent, les destins de l'intelligence*

Hors collection : *Si on rêvait*

ISSN 1760-3390 ISBN 978-2-7011-3567-0

Introduction

Pourquoi ce livre ?

À l'origine de ce livre, il y a la rencontre peu banale d'un analyste, d'un obstétricien et de ces hommes qui vont d'emblée remettre en question cette appellation aberrante de « *futurs* » pères, que nous dénonçons depuis tant d'années. Du *Père : acte de naissance* à *Neuf mois dans la vie d'un homme*[1], que de chemin parcouru jusqu'à cet éclairage nouveau sur la paternité, en cette première décennie du troisième millénaire !

Avec *Naître,* paru en 1972, si l'accouchement concernait la mère, la naissance concernait l'enfant. En 1974, le magnifique plaidoyer de Frédérick Leboyer, *Pour une naissance sans violence*[2], allait avoir le retentissement que l'on connaît, mais il ne laissait guère de place au père. Pourtant, dès 1960, *La psychanalyse, science de l'homme en devenir* soulignait l'importance de la vie affective prénatale et la place du père dans l'humanisation de la naissance[3]. Les mythes placentaires étaient associés pour la première fois à la fonction paternelle en 1977, dans *Naître... et sourire*[4], précédant de peu la parution des premiers titres de la collection « Cahiers du nouveau-né »[5], sous la direction d'Étienne Herbinet : ils allaient devenir, dès 1978, avec l'aide de Laurence Pernoud aux Éditions Stock, de véritables ouvrages de référence qui ont contribué à la transformation du climat de nos maternités et de l'accueil du nouveau-né.

Avec Frans Veldman, fondateur de l'haptonomie[6], invité en France au début des années quatre-vingt, on assistait à l'émergence de l'haptonomie obstétricale[7], en particulier dans le cadre du GRENN (Groupe de recherches et d'études autour de la naissance et du nouveau-né)[8]. Nombre de sages-femmes et d'obstétriciens participaient à ses réunions, comme Albert Goldberg et Raymond Belaiche, lequel allait prendre la direction du Syndicat national des gynécologues-obstétriciens.

Cependant, en ce qui concerne les neuf mois qui précèdent la naissance, l'accompagnement affectif et relationnel des parents restait insuffisant, et trop de zones d'ombres occultaient la place du père, peu valorisée.

Aujourd'hui, l'émergence de l'haptonomie en tant que science de l'affectivité[9] initie un nouveau regard dans nos représentations de la vie prénatale, et entraîne une mutation des pratiques de nos maternités. Elle constitue même un précieux contrepoids à certaines orientations des politiques de santé actuelles[10], si on se réfère aux témoignages et aux constatations cliniques que nous renvoient tant d'enfants, de mères, de pères et de professionnels qui en ont bénéficié.

En ce début du troisième millénaire, l'haptonomie apporte son éclairage singulier sur ce qui est devenu aujourd'hui un phénomène de société : l'enfant qui est là, intra-utérin, ne peut plus être réduit à un embryon ou un fœtus, et le père, lui aussi, va prendre la place qui lui revient avant la naissance ! Encore faut-il lui permettre de l'occuper, lui laisser le droit de rêver, d'entrer en relation avec son enfant et d'anticiper les mois à venir.

Déjà père avant la naissance ? *Déjà* : on l'écrivait jusqu'au XIIIe siècle « des ja », *dès ce moment-là,* en opposition à *jamais* ou à *jadis*. L'appellation de « *futur père* » deviendra vite obsolète dès lors que nous suivrons dans cette aventure le chemin que parcourent, avant la naissance, un père, une mère et leur enfant : jamais l'un sans l'autre ! Ce livre leur doit beaucoup. Nous pensons en particulier à un homme venu en consultation, recommandé par sa compagne qui, lors d'un long travail haptonomique, avait pu, elle, apaiser sa détresse et son angoisse liées à un traumatisme de naissance. Cet homme, derrière une apparence décontractée, cachait un garçon tendu et fragile, qui souhaitait travailler sur sa vulnérabilité. Dès la première séance, il éprouva une sensation de confiance toute nouvelle pour lui. Quelque temps plus tard, il annonçait « *qu'ils attendaient un enfant* ». Ils l'attendaient ou, déjà, ils l'accueillaient ? Déjà père, plutôt que *futur* père ? Comment ne pas interroger cette expression saugrenue et pourtant si courante, qui laisserait entendre que « père », on ne le devient qu'au moment où l'enfant est né ! S'affirmant déjà père, éclatant de rire, il allait s'enquérir d'un accompagnement haptonomique possible avec un obstétricien... Ainsi a commencé l'aventure de ce livre, où l'obstétrique résonne en contrepoint de chaque chapitre, tout au long de ces neuf rencontres[11], comme les neuf mois de cette vie intra-utérine qui nous concerne tous.

Bernard This, psychanalyste
Raymond Belaiche, obstétricien

1

Première rencontre

« Enracine la durée dans la fête de l'instant. »
Andrée Chédid.

Pas de règles, un léger gonflement des seins, un plus grand plaisir de manger, de goûter certains fruits, l'amour des fleurs… Chez elle, un désir de se reposer pour dormir un peu plus, et ceci dès les premiers jours, au point que certains en font un excellent test de grossesse… Lui aussi, comme par une perception infraliminaire, dort beaucoup plus. Un test, chez le pharmacien, s'est révélé positif, et il a compris que s'il avait dormi ainsi, c'est parce qu'il était déjà, à son insu, travaillé par les effets de sa paternité naissante. Certains diront « par identification à sa femme », mais d'autres pourront aussi bien soutenir qu'il s'agit d'une identification au bébé, et à celui qu'il a été ! Certains pères s'emparent de leur appareil photographique pour immortaliser le ventre de leur compagne, ventre pourtant si plat, mais si tendre et rayonnant dans la lumière du soir, avec l'ombre discrète d'une légère pilosité. « *Venturus* », en latin, nous évoque l'aventure, ce qui est à venir, en devenir. Si bien que la photo numéro un, au tout début de la grossesse, est la première d'une série concernant l'enfant : ce « Coucou, je me cache ! » qui durera neuf mois avant que le père ne puisse le tenir dans ses bras.

Quand la vie s'enracine, l'invisible silencieux : 1 + 1 = 3 !

L'interrelation profonde de l'organisme de l'enfant qui se développe dans celui de la mère permet au petit d'homme de puiser son énergie en elle, et va modifier toute la façon d'être de cette femme qui devient mère. Et l'homme qui assiste et participe à cette gestation ne peut, déjà père, que s'émerveiller de cette incroyable liberté qu'a l'enfant de bouleverser l'organisme maternel de fond en comble. D'autant que cet invisible silencieux se fera bientôt entendre et voir, mais attendons notre troisième rencontre.

Invisible mais mesurable, l'enfant ? Nous pouvons certes chiffrer les dimensions de son corps – un grain de sable ! –, mais les prémices de sa vie affective ne peuvent être ni mesurés ni comptabilisés, et vous-même ne pouvez savoir ce que cette présence d'enfant vous apportera. Vous le pressentez pourtant : qu'un tout petit puisse vous apporter déjà tant d'émotions, c'est bien là cette surprise de la paternité, inhérente à la parentalité même où « un + un = *trois* », un homme, une femme, un enfant. Mais un enfant est-il conçu par ses parents ? On le dit ! Pourtant, en réunissant l'apport génétique de son père et de sa mère, c'est l'enfant qui accomplit l'essentiel pour se concevoir, la conception étant précisément ce mystère du « *cum-capere* » latin : qui prend ensemble et rassemble.

Le père plonge dans l'étonnement d'une logique affective qui se moque de ces mathématiques additionnelles si pauvres, celles où « 1 + 1 = 2 », et où 2 + 2, tout comme 2 multiplié par 2 ne font toujours que 4… Avec *trois*, qui introduit le *tiers*, tout change : un fantastique multiplicateur d'énergie apparaît, puisque si 3 + 3 = 6, 3 multiplié par 3 = 9 ![1]

Cette musique des chiffres devient soudain compatible avec l'accueil affectif de votre enfant, unique et singulier : jamais il n'y eut *déjà* un enfant comme celui-ci, ni un père *déjà* si présent pour lui, dès qu'il a appris son existence. Car nous sommes les seuls, de tous les vivants, à savoir qu'à l'origine d'un petit être humain, il faut unir deux gamètes, l'une femelle, l'autre mâle. Dès la conception, celles-ci ont additionné leurs gènes pour qu'à partir de ce double lignage, l'enfant puisse constituer son propre génome. Mais le père sait-il que ce processus est le résultat d'une extraordinaire évolution aussi proche que lointaine, où le lignage des ascendants s'enracine dans les milliards d'années de la mémoire du vivant ?

Sait-il aussi qu'un incroyable compagnon des profondeurs, porteur du génome paternel, va s'immiscer dans ce processus, permettant à l'utérus maternel d'adopter l'enfant, ce corps étranger, cette curieuse greffe embryonnaire qui, logiquement, devrait être rejetée ?[2]

Placenta et génome paternel, au service d'une adoption paradoxale

On sait aujourd'hui qu'intra-utérin, le placenta est marqué par le génome paternel, sans lequel il ne se développerait pas. Il abrite d'emblée le trio père-mère-enfant, relation invisible et silencieuse[3]. Il invente une production immunitaire qui neutralise totalement les défenses maternelles susceptibles de rejeter toute greffe étrangère. En tolérant cette implantation, il fait le lit d'un véritable amour. En partant de la production de l'hormone gonadotrophine chorionique[4] et de la stimulation du corps jaune qui produit de plus en plus de progestérone[5], les biologistes songent essentiellement à en faire un test de grossesse. Mais pour nous, ces hormones vont favoriser la création d'un climat de tendresse, initiateur d'échanges et de signifiants précurseurs du langage affectif qui va s'établir entre l'enfant, sa mère et son père.

Ensemble, ils vont répondre pleinement à ses appels, qui sont autant d'invitations à protéger l'enfant dès sa conception : « Coucou, je suis là ! », comme en écho à « Kirikou » ! *Kirikou,* ce conte de notre troisième millénaire qui ouvre notre civilisation à des héros moins sacrifiés que ces mythes fondateurs promus par la psychanalyse : Narcisse, Œdipe, Moïse et autres Innocents…

« Parasite parfait », affirment ceux qui trouvent cette organisation idéale puisque, grâce à son placenta, l'enfant a mis en place à la fois une barrière protectrice et une frontière séparatrice à l'intérieur même de leur « être ensemble ». Mais comment soutenir que le bébé intra-utérin n'est qu'un parasite inactif, tel un organisme animal ou végétal vivant aux dépens d'un autre, source de nombreuses complications pour sa mère alors que, le plus souvent, elle ne s'est jamais aussi bien portée !

Si minuscule soit-il, si invisible et silencieux, le bébé est loin d'être un parasite passif ! Le processus de multiplication cellulaire s'est mis en route au rythme d'une progression vertigineuse, mais heureusement pour la mère, cet ensemble de cellules embryonnaires – du grec « *embruon* », qui veut dire « se développer à l'intérieur » – ralentit progressivement son extension pour devenir, à partir du troisième mois, un être en croissance raisonnable.

Cependant, si le voile se lève progressivement sur la fonction placentaire du père, comment a-t-on appris que les spermatozoïdes ont tant d'importance dans la fécondation et sont porteurs d'un génome spécifique ?

Garçon ou fille : le chromosome Y du génome paternel

La découverte de la nécessité des spermatozoïdes dans la fécondation est l'œuvre d'un abbé, contemporain, il est vrai, de la Révolution française ! L'Abbé Spallanzani étudia la reproduction des batraciens, en particulier des grenouilles mâles qui, montées sur le dos des femelles, s'accrochent à elles pendant des heures ou des jours, avant de les féconder. Il réussit l'expérience que Réaumur avait imaginée : mettre des caleçons à bretelle sur le corps des grenouilles mâles au moment de la copulation. Les ovules n'étant pas fécondés, il suffisait de prélever, avec une pipette, le liquide séminal qui se trouvait dans les « chausses » pour en arroser les œufs et… les petits têtards frétillaient rapidement dans la mare : 1785, première fécondation artificielle.

Et puis 1789, la Révolution et… la première fécondation artificielle d'une chienne par cet abbé décidément très républicain ! Spallanzani allait, sans le savoir, mettre fin, au moins sur le plan scientifique, à cette « guerre des sexes » qui, depuis des millénaires, opposait l'homme à la femme pour savoir qui possède la toute-puissance créatrice. Après Spallanzani, c'est la rencontre qui est fécondante, quand l'apport de l'homme s'unit à celui de la femme, et « jamais l'un sans l'autre ». Cependant, nous n'étions pas à l'abri de nos surprises lorsqu'un siècle et demi plus tard, nous allions découvrir que ces spermatozoïdes déterminaient le sexe de l'enfant.

1905 : quelle bonne et heureuse année ! Nettie Maria Stevens publie son étude du rôle des chromosomes dans la détermination du sexe. Freud nous fait partager sa découverte de l'inconscient et de ce *« phénomène étrange, l'amnésie infantile »*, en faisant paraître trois publications, l'une sur la sexualité[6], l'autre sur le mot d'esprit[7], la troisième sur le cas Dora[8], et Einstein fait paraître quatre articles fondateurs de la relativité restreinte, dont un sur la nature corpusculaire de la lumière, qui ouvrait les portes de la physique quantique. Les lois de l'hérédité, établies par le moine Grégor Mendel quelques décennies auparavant, venaient d'être redécouvertes, tandis que Clarence Mc Clung mettait enfin en valeur l'élément de chromatine découvert par Hermann Henking et baptisé « X ». Il avait été nommé ainsi parce que l'on n'en connaissait pas sa fonction. Pour élucider le rôle de ce chromosome, Nettie Stevens s'attela à l'analyse de la spermatogenèse de nombreuses espèces d'insectes, jusqu'à ce que la mort vienne interrompre son travail le 4 mai 1912 : elle avait prouvé la détermination chromosomique du sexe mâle en nous montrant que ce n'est pas le plus grand des chromosomes qui fait notre masculinité, mais le plus petit. La petitesse du chromosome Y n'enlève rien à son importance, que le père se rassure, puisqu'il possède les gènes de masculinisation qui, entre la cinquième et la huitième semaine de la gestation, opèrent la différenciation testiculaire et la cascade des événements qui mènent au sexe masculin. Et c'est à un scarabée, étudié par une femme aussi timide que passionnée, que nous devons, contre l'avis éclairé des généticiens mâles, cette avancée décisive !

Les pères pourront saisir l'importance de cette évolution qui les concerne directement en découvrant avec les travaux de généticiens britanniques comme Azim Surani[9] que la fonction maternante ne s'inscrit pas exclusivement avec les gènes féminins. Elle dépend aussi d'une copie génétique paternelle, et voici brouillée notre répartition des rôles masculins et féminins : la mère ne serait que tendresse et dévouement à ses petits, et le mâle n'en aurait nul souci ? Tout change à la lumière de ces recherches : non seulement le génome paternel est indispensable au développement embryonnaire, mais aussi aux comportements maternels protecteurs des tout-petits[10] ! On le savait père après la naissance, mais il est « déjà » père dès le début de la gestation.

Il est peut-être temps de donner au *paternage* les mêmes lettres de noblesse qu'au maternage, ne serait-ce que pour que les ordinateurs acceptent l'existence de ce néologisme, et que nos dictionnaires nous confirment enfin que le père de ce troisième millénaire a le droit d'être paternant dès la conception !

Première rencontre avec l'obstétricien : fécondation et placentation

La première rencontre, ici, c'est une rencontre des deux cellules provenant des parents et de leur patrimoine chromosomique respectif. Bien que l'embryologie soit une science relativement récente, il y a des millénaires que les hommes se penchent sur ces mystères. Aristote, il y a plus de 2300 ans, avait déjà observé le développement d'un embryon de poulet, mais comme il ne possédait pas de microscope il n'avait pu apercevoir les détails infiniment petits des structures initiales de son développement. Le microscope ne fut perfectionné qu'à la fin du XVIIe siècle par le naturaliste néerlandais Anton Van Leeuwenhoek qui observa en 1677, pour la première fois, une cellule mâle vivante : un spermatozoïde ! À la même époque, un jeune médecin, Régnier de Graaf, observe et décrit, en incisant les canaux reproducteurs d'une lapine, des corps qui ressemblaient à des bulles éclatées. Il s'agissait de la première grappe des cellules qui forment le point de départ de l'embryon. Ni l'un ni l'autre n'avaient compris ce qu'ils avaient vu et ils ne pouvaient imaginer qu'une créature humaine puisse se former à partir de ces simples cellules.

C'est en 1930 que l'on observa pour la première fois une cellule humaine fécondée, et il ne fut possible d'étudier la réunion des deux gamètes, mâle et femelle, le spermatozoïde et l'ovule, qu'en 1944. À partir de 1950, nous allions enfin connaître les diverses péripéties des six premiers jours de notre vie intra-utérine.

L'ovulation est un phénomène cyclique qui aboutit à l'expulsion d'un ovocyte[11] mûr, prêt à être fécondé.

Les techniques échographiques actuelles permettent d'en contrôler avec précision les différentes phases, et la femme la détecte par une glaire abondante et filante, accompagnée d'une augmentation sensible de la température due à la progestérone. Les dosages hormonaux sont aussi un élément de diagnostic et la cœlioscopie[12] peut offrir un examen direct de ce phénomène.

La fécondation, ensemble des phénomènes physiologiques, cytologiques et biochimiques qui aboutissent à la fusion de l'ovocyte et du spermatozoïde, est à l'origine de l'œuf humain : quand les embryologistes le nomme zygote, ils ne pensent pas à un petit *zigoto*, mais ils évoquent ce nouveau-né qu'il deviendra neuf mois plus tard ! Car l'amour de la rencontre entre ce père qui nous lie et sa compagne est en train de porter fruit : l'ovocyte aspiré par une des deux trompes va y cheminer pour attendre l'afflux des spermatozoïdes. Déversés dans le vagin, ces derniers entreprennent l'ascension des voies génitales féminines jusqu'au tiers externe de la trompe. Ils y sont aidés par l'alcalinité de la glaire cervicale qui améliore la mobilité des gamètes mâles[13], facilite leur tri et leur migration vers la cavité utérine et la trompe. Sur les 2 à 300 millions de spermatozoïdes de l'éjaculation, quelques centaines seulement atteindront l'ovocyte dans la trompe au bout d'une trentaine de minutes environ, puis la pénétration de l'ovocyte par un seul spermatozoïde fécondant permettra la fusion des gamètes.

Quelques heures plus tard, les noyaux des cellules mâle et femelle se rapprochent et leur fusion, en réunissant les informations génétiques qu'ils contiennent, assure la constitution du patrimoine héréditaire du futur embryon. L'œuf, ainsi constitué, va cheminer dans la trompe pendant quelques jours. La progression dans la trompe peut être interrompue pour différentes raisons : l'œuf, y poursuivant son évolution, entraîne une rupture vasculaire et donc une hémorragie interne grave. Mais les causes de grossesse extra-utérine sont multiples : intoxication nicotinique, tuberculose tubaire et salpingites[14]. La fécondation *in vitro* est une des réponses possibles à ce type de pathologie. Celle-ci consiste à réaliser en laboratoire les différentes phases décrites ci-dessus afin de permettre une implantation directe dans la muqueuse utérine sans le passage par les trompes.

Quarante jours après l'instant où le père et la mère se sont unis et ont conçu un enfant, l'embryon – le *futur* ou le *déjà* bébé – possède un corps bien formé. Il est animé de mouvements, son cœur bat, il tiendrait dans une coquille de noix ! Le sexe de l'enfant est *déjà* déterminé par la présence, dans le spermatozoïde, d'un chromosome Y pour un garçon, X pour une fille. L'ovocyte porte toujours des chromosomes X. La rencontre de l'ovocyte X et du spermatozoïde Y donnent toujours un garçon, rappelons-le aux pères qui voudraient accuser leurs épouses de ne leur « donner » que des filles !

L'œuf ainsi fécondé est devenu un « *ovocyste* » : il est intéressant de constater ici combien ce terme n'est pas encore intégré dans le vocabulaire de la conception : est-ce sa curieuse orthographe... ou plutôt l'évacuation du père ? Quoi qu'il en soit, l'ovocyste va s'implanter dans la muqueuse utérine, et cette nidation se réalisera par les annexes embryonnaires – villosités[15] placentaires, liquide amniotique, enveloppes amniotiques[16] et chorioniques – qui assurent le développement de l'enfant, celui que les biologistes nomment embryon, puis fœtus jusqu'à la naissance du nouveau-né.

Déjà père avant la naissance ? Oui, et pas seulement affectivement mais aussi biologiquement, puisqu'une partie de cet œuf provient du génome paternel, ce lot chromosomique du gamète mâle. Il est depuis peu scientifiquement démontré que le père est ainsi présent dès l'implantation de l'œuf dans l'utérus de la mère. L'intermédiaire du placenta fait que nous ne sommes pas des ovipares ; nous sommes… trois : 1 + 1 = 3, avons-nous dit plus haut. N'oublions pas que cette belle rencontre est rendue possible par l'existence du placenta.

Accolé en général au fond utérin, le placenta – de *placenta, galette,* gâteau en latin ! – relie l'embryon à sa mère par le cordon ombilical. Après la libération de l'ovocyte, les cellules du follicule ovarien se sont transformées en « corps jaune » qui sécrètent progestérone et œstradiol, hormones permettant la préparation de la muqueuse utérine à la nidation. S'il y a eu fécondation, le corps jaune, devenu gestatif, assure la poursuite de la grossesse, et sa fonction hormonale sera relayée par le placenta vers 2,5 mois. D'origine fœtale, il va se développer pour permettre la croissance de l'enfant tout au long de la gestation. Organe protecteur avec le liquide amniotique, il assure de nombreuses fonctions : nutritive, respiratoire, excrétrice, hormonale, immunitaire, immunologique. Barrière protectrice, le placenta empêche le passage de certaines bactéries et de certains virus, sans éviter cependant celui de substances toxiques – médicaments, parasites, drogues, alcool… Il laisse passer les anticorps de la mère et permet à celle-ci de tolérer le fœtus, corps étranger pour elle.

En fin de grossesse, la baisse de l'activité placentaire entraînera le déclenchement de l'accouchement et stimulera la lactation. Son expulsion, après la naissance de l'enfant, est une « délivrance »[17], qui signifie la fin de la période de la mise au monde. Mais en attendant…

2

Deuxième rencontre

« Lorsque l'enfant paraît, le cercle de famille applaudit à grands cris [...] »
Victor Hugo.

Pourquoi attendre sa naissance pour applaudir ? Si, dès la conception, le père est reconnu comme ayant droit au paternage, il découvre la présence mystérieuse d'un tout petit qui prend déjà tant de place, au centre de sa vie. Plus petit qu'un grain de riz, mais plus grand que le point que je place sur l'« i » d'aimer ! Et déjà, il bouleverse l'arbre généalogique : « Si je suis père, je fais de mon père un grand-père, comment le lui annoncer ? » Et mon frère devient un oncle, ma sœur une tante, tout un ébranlement langagier qui décale d'un cran, qu'ils le veuillent ou non, ceux qui se situent sur l'arbre générationnel de la famille. Une aventure parentale commence.

Cet enfant qui nous fait père...

Le mot pluriel latin «*parentes*» désignait le père et la mère, tandis que le singulier «*parens*» sous-entendait la mère, celle que l'enfant traverse. Les parents, en donnant la vie à leurs enfants, la leur *trans*mettent, mais les enfants aussi, d'une certaine façon, participent de ce passage : ils traversent les voies naturelles, et de cet homme et de cette femme ils en font des parents ! Engendrer un enfant les inscrit dans l'ordre des générations, et les mots le leur disent, les nommant « père » ou « mère », mesurant pour toujours les effets d'une parole sans laquelle ils ne seraient que géniteurs. Sur cet arbre généalogique, à chaque naissance d'un descendant de la nouvelle génération, nous montons d'un étage sur l'échelle de notre lignage, c'est-à-dire de nos ascendants[1].

Cet enfant qui vit dans le giron de sa mère la transforme au fil des jours en la plus heureuse des parturientes, nous disent les obstétriciens et les sages-femmes. Mais avec le père, nous l'écrirons *parturiante*, laissant le plaisir d'une expérience langagière nouvelle éclairer sa joie de la voir porter leur enfant. Nous savons aujourd'hui qu'il commence déjà une vie affective capable de répondre à nos invitations, et que son cœur bat ! Et pourrions-nous, sans connotation religieuse, parler d'une âme ?

Pour les Grecs et bien d'autres civilisations, l'âme n'était pas réservée aux humains, tout animal étant, par définition, un être animé. Cette animation ne cessait qu'au moment de la mort, quand le souffle disparaissait – le souffle, «*psuchos*», animant justement notre corporalité et la vie de nos sentiments, de notre âme, «*psuchê*», base de nos processus psychiques. Dans les traditions judéo-chrétiennes, l'âme, indéfinissable en termes scientifiques, représente l'*animation* de l'être, qui n'apparaît manifestement qu'à la naissance. En Chine, on compte le début de l'existence et de la destinée d'un individu à partir de sa conception... Pourquoi avons-nous attendu l'aube du troisième millénaire pour découvrir l'« aube des sens », et la réalité affective et relationnelle de la vie intra-utérine[2] ? Les parents, eux, ne se demandent plus à ce moment si leur enfant « possède une âme » : ils le savent puisque, déjà, ils établissent chaque jour avec lui une relation qui fait leur bonheur à tous les trois, et à tous ceux qui les entourent.

Cependant, au cours de ce deuxième mois, c'est une tout autre question qui déjà chemine : quel est son sexe ? Patience...

...d'un garçon ou d'une fille ?

Actuellement, qu'il soit XX ou XY, on ne peut pas savoir, au deuxième mois, si l'embryon humain est mâle ou femelle. Ses glandes génitales, gonades indifférenciées, ne sont que des protubérances du rein embryonnaire, sans structure particulière. Il est théoriquement possible d'y déceler, s'il s'agit d'un embryon XY, une hormone nommée AMH, première manifestation d'une différence sexuelle et début d'une formation testiculaire. On en connaît le gène responsable, appelé SRY, localisé sur le chromosome Y. Des expériences de transgénèse chez les souris démontrent que c'est bien le gène qui détermine le sexe de l'embryon mâle, permettant le développement du phénotype mâle, mais en son absence, ou quand il est muté, c'est le phénotype femelle qui apparaît. Peut-on conclure qu'ayant trouvé le gène du sexe mâle, il n'y a pas d'autres gènes impliqués dans la détermination du sexe ? Le problème est compliqué et n'est pas encore élucidé.

Curieusement, en ce qui concerne le développement embryonnaire de l'appareil féminin, les études sont moins avancées, et sans doute plus dépendantes qu'il n'y paraît du contexte socioculturel qui privilégie la détermination du sexe masculin par rapport à la différenciation ovarienne. L'expression des biologistes affirmant qu'on devient femme « par défaut » en dit long sur un discours scientifique qui a longtemps confondu le sexe et le sexe mâle. En ne s'intéressant qu'à la formation des testicules, on supposait que les ovaires se formaient de façon passive, puisque certaines expériences sur l'animal montraient que les ovaires se constituaient lorsqu'il n'y avait pas l'action contrariante d'un facteur contrôlé par le chromosome Y. Cependant, des travaux récents ont permis d'identifier d'autres gènes impliqués dans la détermination sexuelle, et « la recherche continue »[3] !

Des chiffres et des lettres

Dans la détermination du sexe de l'enfant, ce sont donc des gènes qui s'expriment, ce qui suppose qu'ils ont été imprimés. Nous avons affaire ici au mystère de la phylogénèse en tant qu'évolution du vivant depuis la nuit des temps, inscription capable de se reproduire dans l'ontogénèse, en tant qu'évolution propre à chaque être humain. Pour en faciliter la compréhension, les biologistes ont attribué au gène, dès le

XVIIIe siècle, l'équivalent d'une lettre de l'alphabet – ici le choix du X, évoquant l'inconnu du sexe à venir. Indispensables unités d'inscription, ces lettres alignées permettent de composer un mot, un « ensemble » qui va permettre, comme on l'a constaté en mathématiques, une avancée foudroyante de nos connaissances.

Des chiffres et des lettres ! Qu'avait fait Gregor Mendel quand il avait étudié la génétique des petits pois de son monastère ? Ses trois cent mille graines lui avaient permis de comprendre les lois de l'hérédité, à partir de la comptabilité de ses hybridations, de ses croisements de petits pois, cultivés dans le jardin de sa communauté. Notant l'invisible de ce qui se transmettait de façon latente et manifestée, il s'était soumis aux rigueurs de l'écriture, seule capable d'en rendre compte. L R J V B C : pour Lisses, Ridés, Jaunes, Verts, Blancs, Colorés. Ses petits pois avaient de plus des tiges axiales ou terminales, courtes ou longues, une gousse rectiligne, ou molli-forme. Mendel nous présentait ainsi sept couples de caractères identifiés par des lettres, y compris le fameux caractère « grand-parental », dit récessif, qu'il écrira **r** minuscule, et dont on connaît l'importance considérable, exprimée au berceau de chaque nouveau-né : « Mais à qui ressemble-t-il ? C'est son grand-père tout craché » !

Les croisements furent répétés pour les sept caractères, avec des résultats analogues : ils se transmettaient identiques à travers les générations, selon deux lois de l'hérédité : la dominance impliquant nécessairement la récessivité. La lutte, qui jusque-là s'éternisait entre les hommes et les femmes, prenait fin en ce domaine, intériorisant tel ou tel caractère dominant indépendant du sexe mâle ou femelle. Mendel nous ouvrait à la connaissance du génotype humain, de son patrimoine héréditaire, et en facilitait la mise en évidence.

Patrimoine ? On dirait, de nos jours, le « génome », pour ne pas attribuer au seul père la transmission des gènes puisque nous savons aujourd'hui que ces « caractères » sont hérités *et* du lignage paternel *et* du lignage maternel, jamais l'un sans l'autre ! Pourtant, on ne parle toujours pas d'un « matrimoine » héréditaire et vous voyez comme la biologie nous fait réfléchir sur le sens des mots utilisés.

Recevoir et transmettre

Que nous dit ce père : il rêve d'un enfant déjà grand et, devant les descriptions d'un blastocyste[4], sa fibre paternelle ne vibre guère, pas plus qu'aux images de cellules blastomères[5] se multipliant si vite : nulle apparence d'humanité en ce bourgeonnement cellulaire, et pourtant quel émerveillement ! Car cet enfant, venu se cacher dans le berceau douillet de la dentelle utérine, ne s'est pas échoué là passivement. Certes, on a vu que, du point de vue immunitaire maternel, l'embryon est comme un corps greffé, étranger, auquel sa mère réagirait dès ses premiers essais de nidation, si les injonctions biochimiques des gènes paternels n'intervenaient aussitôt : elles stimulent le système immunitaire de la mère, qui fabrique alors les anticorps indispensables à la survie de l'enfant.

Si la vie dure depuis des centaines de millions d'années, c'est dans la mesure où ce qui compte, c'est précisément cette transmission génétique. Nous sommes les maillons d'une immense chaîne de vivants, où chaque rencontre d'un spermatozoïde et d'un ovule est un nouveau brassage génétique et, loin de se répéter, la vie invente toujours un nouvel être. Comment peut-on employer encore le terme de *reproduction,* comme s'il s'agissait de *produire* en série des êtres identiques, parfaitement semblables les uns aux autres ? Terme inventé à la fin du XVIIe siècle, la *reproduction* a pris la place de la *génération,* mais l'amour n'est pas une machine à fabriquer de l'identique. Chaque enfant, être unique, rassemble en lui son père et sa mère génétiquement parlant : que ses parents se séparent ou disparaissent, ses ancêtres, ses ascendants, sont unis en lui définitivement, l'ayant précédé sur la terre, et faisant de lui leur descendant.

Ascendants-descendants : comment ne pas évoquer ici l'Ancien Testament et l'échelle de Jacob lorsque, béni par son père, il part dans le désert ? Un soir, s'endormant, il voit en songe une échelle posée sur la terre, dont le sommet touchait le ciel, et où l'Éternel lui déclare : « Je rendrai ta postérité aussi nombreuse que les grains de poussière de la terre ».

Alors, quand se pose la question de l'origine des enfants, c'est forcément du ciel, du grainetier suprême, que nous vient une réponse. S'il sait tout, donne sens à tout, c'est peut-être parce qu'il est la figure de cette mémoire inconsciente qui se souvient de l'évolution des vivants, de ce qui s'est inscrit dans nos gènes, au cours de cette phylogenèse : le dieu de la Genèse, et de tant de livres et récits où tout est venu se transmettre, c'est dans le réel qu'il existe ici, dans la mémoire génétique et familiale, où le Père idéalisé et sans limites est bien différent de cet homme, de ce « déjà père avant la naissance », de ce père qu'au fil de ces pages il est en train de devenir. D'un garçon, d'une fille ? La question continue son chemin…

Dire le sexe ?

Ne vaudrait-il pas mieux s'abstenir d'annoncer le sexe de l'enfant avant qu'il ne soit découvert au moment de la naissance ? Mais la première échographie s'annonce : pourquoi s'abstenir de dire ce que l'on voit ? Est-ce une question de générations ?

Tout obstétricien risque de manifester une sorte de toute-puissance en révélant aux parents le mystère du sexe de l'enfant, en perçant le secret du giron, en apparaissant même, dans certains livres, photographié avec un enfant qu'ils tiennent dans leurs mains. Ces mains ne sont pas celles de l'auteur des jours de l'enfant, ce sont celles d'un obstétricien qui prend encore ici, parfois à son insu, la place du père. Aussi beaucoup d'entre eux, auxquels se joignent les échographistes, s'interrogent actuellement sur leur compréhension des attentes de chaque parent, de leur évolution au cours de la gestation, et du respect nécessaire de ce qui resterait encore secret sans leur intervention.

Il y a plus : c'est tout le problème éthique de l'eugénisme, défini comme science susceptible d'améliorer les populations humaines, qui se pose ici. C'est en 1883 que Francis Galton, cousin de Darwin, a fondé cet eugénisme scientifique – (« *eu-genia* », bonne naissance en grec), dont l'objet était double : « entraver la multiplication des inaptes et améliorer la race, en favorisant la reproduction des plus aptes ». Tout eugénisme se proposant de développer le « bien » et le « bon » de tout humain serait légitime, souhaitable même, mais s'il mène au racisme ou à toute autre dérive dangereuse il doit être remis en question : diagnostiquer le sexe de l'enfant, et s'il s'agit d'une fille la faire disparaître comme en Chine ou en Inde par exemple, peut conduire à des situations difficiles à gérer.

Retour à la vie prénatale, « oubliée » ?

Savoir comment se développe l'enfant *in utero* serait un immense progrès si ces nouvelles connaissances nous permettaient de transformer profondément notre regard sur la continuité des premiers mois de la vie, avant et après la naissance[6]. Beaucoup de nos pratiques ont changé dans l'accueil du jeune enfant, mais face à certaines décisions politiques, administratives, institutionnelles qui actuellement semblent aller à l'encontre de tout ce que l'on sait, nous ne pouvons pas rester sans voix. Les préjugés, les arguments socio-économiques ne suffisent pas à expliquer pourquoi des responsables politiques ne sentent pas que l'enfant a besoin d'un accueil plein de douceur, s'inscrivant dans la chaleur d'une relation vivante.

Ce qui est en jeu dans ces refus et ces dénis, c'est à l'évidence cette sorte d'« oubli » de l'avant et de l'après sa propre naissance – cet oubli que programme en chacun de nous le refoulement de ces premiers moments de vie, cette « amnésie infantile » que Freud a appelée l'inconscient, et sur laquelle nous reviendrons. Heureusement, de plus en plus nombreux sont les obstétriciens et nombre de professionnels de la petite enfance qui savent que la chaleur affective de ces premières relations se prolongera tout au long de notre existence.

Deuxième rencontre avec l'obstétricien

Les consultations gynécologiques : allô, Docteur ?

S'agit-il d'un homme ou d'une femme ? Le choix d'un ou d'une gynécologue est important, bien que souvent aléatoire. Certaines femmes choisissent un homme qui les rassure – référence à leur propre père peut-être ; d'autres préfèrent une femme, car elles pensent qu'une femme est plus à même de comprendre leurs problèmes. Tout ceci reste discutable et évolue en fonction des époques et des modes, du choix des amis ou des membres de la famille et parfois du père qui, par conviction religieuse ou culturelle, exige une femme obstétricienne. Ceci pose de réels problèmes dans les structures hospitalières où les gardes d'obstétrique sont confiées à tour de rôle à des praticiens sans considération d'appartenance à un sexe ou un autre. Le phénomène de mode se surajoutant à la féminisation de la profession de gynécologue, le choix de l'obstétricien-femme est aujourd'hui plus fréquent que dans les années soixante-dix, où les hommes étaient présents de façon prédominante dans la spécialité. Il est souvent orienté en fonction de la pratique connue de l'obstétricien : haptonomie, yoga, homéopathie, hypnose, sophrologie, psychoprophylaxie obstétricale... Le choix de la clinique ou du service hospitalier vient ensuite. Finalement, un rendez-vous est pris.

En ce qui concerne l'haptonomie, soit le couple est déjà informé sur l'haptonomie et vient en étant spécialement motivé, soit il incombe au praticien de créer cette motivation, en faisant de cette première consultation une rencontre convaincante et fondamentalement sécurisante[7]. Il est nécessaire que le praticien et le couple se sentent bien ensemble, pour que le suivi de la grossesse et de la guidance haptonomique soit accepté joyeusement et contractuellement. Les parents prennent alors rendez-vous pour une guidance haptonomique dès le moment où sont perçus les mouvements de l'enfant, parfois plus tôt.

Nous avons pu constater plusieurs situations :

– le père apprécie le praticien, il est intéressé par la présentation que nous faisons de l'haptonomie. Il adhère totalement au programme de guidance ;

– le père n'a pas eu un bon contact et n'adhère pas ; la patiente disparaît, ou le père seul disparaît, considérant qu'il n'a pas sa place et que cette « technique », comme il dit, ne lui convient pas. L'haptonomie, de toute façon, sera utile au praticien ! En ce qui me concerne, j'ai toujours proposé à mes patientes une liberté de choix et, si nous n'étions pas en confiance mutuelle, elles étaient libres, bien entendu, de consulter un autre confrère ;

– dès le début, l'haptonomie se fait avec le couple, sauf lors d'absence réelle ou de décès du père, cas où un travail différent s'impose, souvent avec une tierce personne amie ou un membre de la famille.

Indépendamment de l'haptonomie, la médecine offre, dès le deuxième mois, tous les moyens de surveiller la morphologie échographique du bébé, d'écouter et d'enregistrer les bruits de son cœur et d'observer les manifestations de sa vie intra-utérine.

Le père face à la réalité d'une future naissance : accueil ou rejet ?

La maternité est du registre du naturel, comme nous l'avons dit plus haut : la mère, dès le retard de ses règles, parfois même avant, sait qu'elle est enceinte. Elle perçoit des signes de grossesse qui ne sont perceptibles que par elle seule, elle se sent tout de suite différente, sans compter ce léger malaise digestif, qui va souvent crescendo, voire ce dégoût pour certains aliments, ou certaines odeurs, de tabac par exemple. Il n'en est pas de même pour la paternité : l'annonce de la grossesse, dès la positivité du test, est un moment important dans la vie du père, celui d'une véritable prise de conscience, dépendant fortement de son propre souhait de paternité ! Il peut s'agir d'une explosion jubilatoire d'un bonheur immédiat ou, d'emblée, d'un rejet qui conduira parfois – mais pas toujours ! – à un abandon différé, comme cela arrive au cinquième mois, lorsque la grossesse commence à se voir. Ici aussi, la confrontation à la réalité entraîne une panique souvent avouée du futur père, parfois même sa fuite. Après mûre et longue réflexion, quelques semaines, ou quelques mois, il peut revenir et réclamer sa « place » de père. Il y a aussi celui qui ne souhaite pas cette énième grossesse, la rejette totalement, niant la situation pendant toute la gestation, jusqu'à la naissance de l'enfant qui alors le réconcilie avec sa paternité, qu'il réclame fortement. Il y a enfin ces pères réservés, concubins, qui ont une autre famille officielle : ils sont souvent ambivalents, ils ont une certaine expérience, car ils ont eu d'autres enfants, mais ils restent réservés, sinon gênés, bien que tendres avec leur compagne.

Certains sont incapables, par leur éducation, de laisser paraître une émotion, de tout simplement conjuguer le verbe aimer vis-à-vis de la mère comme de l'enfant. Ils restent debout avec un petit sourire et rien ne transpire. Pour d'autres, la naissance de la paternité ne se fait pas sans difficultés : la société parle d'instinct maternel et de maternage, mais les dictionnaires restent silencieux sur le « paternage » ou cet instinct paternel, pourtant souvent revendiqué par les pères. Depuis un certain temps, leur prise de conscience que la paternité puisse exister autrement ne se réduit plus à un « désir de maternité », même si la frustration de ne pas vivre une grossesse et un accouchement reste parfois évidente. Ils passent souvent à côté des petits signes de grossesse de leur compagne, par inattention, pour se protéger peut-être. « Ah bon ! », disent-ils, en consultation, quand leur épouse nous les signale. Les femmes, de leur côté, sont fières d'arborer leur ventre comme un trophée, accentuant volontairement ou non leur lordose, c'est-à-dire leur cambrure, affirmant ainsi leur incontournable situation. Plus tard, certaines d'entre elles accapareront totalement leur enfant comme s'il était, *a priori* et de façon exclusive, leur propriété. On comprend que les pères, dès avant la naissance, ont besoin d'être reconnus par la mère comme celui qui est à l'origine de leur aventure partagée, et l'accompagnement précoce de cette grossesse compensera fondamentalement ce manque naturel pour lui de ne pas porter physiquement leur enfant. Le désir de faire comme une mère – la « couvade » en est un exemple[8] – n'a plus de raison d'être, et le paternage n'est plus à inventer.

De même, pour un obstétricien-homme, aider au quotidien et pendant de nombreuses années des mères à mettre au monde leur enfant ne peut être neutre. Vivre cette sensation du périnée qui se gonfle pour enfin permettre l'éduction de la tête et du corps de l'enfant – telle l'éclosion d'une fleur – et cette plénitude, suivie de ce vide et de cette délivrance, ne peuvent laisser indifférent ! Nous pouvons comprendre la discrétion des mères à ce sujet, car ces moments peuvent être perçus dans le registre complexe de l'orgasme comme du manque. Les mères qui en parlent témoignent d'un vécu aussi fort qu'ambivalent.

Aujourd'hui la féminisation des spécialistes en obstétrique a commencé et sera certainement porteuse d'ouverture dans ce domaine, mais dans combien de temps[9] ? Peu d'entre elles sont chefs de service dans nos hôpitaux[10]. Quoi qu'il en soit, obstétriciens, médecins ou sages-femmes, nous ne sommes que des « passeurs » et ne faisons qu'aider à mettre au monde un enfant quand cela est nécessaire, car nous savons bien que la plupart du temps, il se fait naître tout seul… et c'est fort bien. Il arrive encore que nos patientes nous parlent de ces bébés comme étant les nôtres ! Heureusement, les pères avec la place qui est la leur – la dimension affective, sociale, symbolique de concepteur et d'aimant – donnent aux médecins le rôle qui leur revient : celle de techniciens de la naissance, qui font leur métier avec beaucoup d'amour, mais sans se substituer à celui du père.

Loin de nous l'idée de minimiser l'émotion qui culmine en salle de naissance, lorsque nous rencontrons pour la première fois le regard du nouveau-né, que nous sommes au contact d'une peau si douce et que nous sommes les témoins de l'amour qui anime ces moments privilégiés. L'obstétricien, les sages-femmes peuvent même parfois, dans cette intimité si merveilleuse, se sentir de trop. Pour moi-même, cela reste un temps que j'adore vivre.

Le problème de l'interruption volontaire de grossesse (IVG) peut aussi se poser devant le refus ou la peur du père d'assumer cette situation. On a pu constater, lors de ce type d'intervention, l'effondrement de ces femmes qui ne peuvent se résoudre à l'avortement que contraintes et forcées par leur conjoint ou compagnon d'infortune. L'IVG est un acte qui blesse une femme au plus profond d'elle-même, et il est exceptionnel qu'elle se présente dans un service d'orthogénie de « gaieté de cœur ». De plus, cet acte peut entraîner une rupture et un éclatement du couple. Cependant, il arrive que l'IVG réponde à une nécessité éthique pour la mère, en cas de relation adultérine ou de viol. Certaines femmes ne désirent pas de grossesse de peur que leur corps ne change. Pour d'autres le moment n'est pas bien choisi sur le plan professionnel, sportif, ou tout simplement parce qu'un voyage est prévu à cette période. Enfin, le déni de grossesse, que nous pouvons mieux détecter aujourd'hui dans nos consultations, est à l'origine des IVG tardives et représente, selon le professeur Israël Nisand, deux grossesses pour mille femmes[11].

Lorsqu'il s'agit d'une stérilité masculine, le père doit être accompagné psychologiquement, en particulier si le couple envisage une procréation médicalement assistée. L'équipe médicale doit tout mettre en œuvre pour le faire participer à cette grossesse, pour qu'il ne se sente pas exclu. L'haptonomie, ou tout autre mode favorisant la naissance de la paternité dès le début de la grossesse, évite qu'elle ne soit alors « différée », comme c'était le cas auparavant. Dans l'IAD (Insémination artificielle avec sperme de donneur), il peut être « déjà père avant la naissance », comme pour toute autre fécondation, où nous sommes le plus souvent témoins de sa joie immense tandis qu'il pose des quantités de questions sur la grossesse, l'enfant, le régime, les sports autorisés, les interdits… et qu'il inscrit soigneusement tous les rendez-vous à venir, celui, tout particulièrement de la première échographie.

Mais comment cette première consultation se vit-elle ?

Des questions en abondance !

Cette première consultation est très importante, dès le retard de règles à cinq ou six semaines d'aménorrhée ou un peu plus tard, entre le premier et le deuxième mois, car elle va décider de la poursuite des rencontres. Si une guidance haptonomique est choisie, la présence du père aux séances est indispensable ; elle fait partie du « contrat ». D'un côté, il revient au praticien de présenter sa façon de travailler et, de l'autre, il est tout aussi utile d'entendre, ou parfois de déceler, les desiderata du couple, de bien comprendre leur mode de vie, leurs habitudes alimentaires, sportives, ludiques, les relations avec les parents, vivants ou non, proches ou distants, les antécédents personnels et familiaux, le fonctionnement dominant ou non de l'un ou de l'autre, leur âge et leur différence d'âge, l'environnement culturel et religieux. Il m'est arrivé un jour de suggérer à un couple une amniocentèse[12] pour dépister d'éventuelles anomalies génétiques, la patiente étant âgée de plus de 40 ans passés : il n'était pas question pour eux de ne pas accepter un enfant porteur d'une anomalie, quelle qu'elle soit, dans la mesure où Dieu l'avait décidé ainsi, et où l'on porterait atteinte à la vie. Dans tous les cas, il est nécessaire de « négocier » tel ou tel examen avec tact et prudence, et de donner au père toutes les explications demandées.

Il est important de veiller à ce chacun parle de sa propre place et écoute l'autre et, si une jeune femme enceinte vient en consultation avec sa mère ou sa belle-mère, qu'on puisse avec discrétion et savoir-faire rétablir la place de chacun et nommer le père, afin qu'il ne soit plus exclu. L'écoute attentive va permettre de connaître le projet du couple, les peurs et angoisses de chacun, et, si nous y revenons dans les séances de préparation à la naissance, j'ajoute d'emblée que rien ne doit rester dans le non-dit ou dans un malaise non exprimé. Cette première consultation sera la plus longue de toutes si la grossesse se déroule normalement et elle sera déterminante dans les choix à venir pour le médecin comme pour les parents, tandis que l'examen clinique peut commencer, en toute transparence puisque la confiance s'est établie. C'est ce dernier qui confirme les semaines de grossesse et apporte un certain nombre de renseignements, qui vont déterminer les dates des autres consultations, de la première échographie, de la déclaration obligatoire de la grossesse à la Sécurité sociale et aux Allocations familiales, etc.

L'examen comporte toujours une échographie de consultation, premier moment magique de la rencontre parents-enfant-obstétricien. Pour nous, professionnels, cet examen nous apporte beaucoup sur la qualité du sac ovulaire, son implantation, les premières pulsations perçues, l'aspect des ovaires, etc. Pour les parents, il est plutôt opaque, mais nos commentaires suscitent une grande joie ! Rappelons que, si la première consultation est provoquée par la positivité du test de grossesse, c'est-à-dire à cinq semaines d'aménorrhée, soit une semaine de retard de règles, l'échographie réalisée alors représente une confirmation : le visage du père s'éclaire de bonheur et d'étonnement, et les deux parents ont souvent un geste de tendresse.

Dès ce moment, ils se libèrent, rassurés : ce sont souvent les mêmes questions qui reviennent et qui parfois n'attendent pas toujours de réponses directes, mais ils sont tous deux attentifs à la moindre mimique de notre part :

– *le sexe* : « Docteur, quand saura-t-on le sexe ? » Ils savent très bien que je ne le dis jamais ! C'est tout juste s'ils ne demandent pas la couleur des yeux ou des cheveux de l'enfant, même s'ils savent que c'est utopique !

– *la normalité* : « Docteur, est-il normal ? » Alors qu'il est évidemment impossible de prévoir quoi que ce soit, à la seule vue du sac ovulaire, le père croit déjà y voir quelque chose !

– *les règles de prudence* : « Docteur », demande discrètement le père, « il faut faire peur à mon épouse et lui interdire la voiture, de travailler trop, de fumer... ». Il s'agit souvent d'un jeune père anxieux, mais c'est aussi d'un père plus mûr, qui a déjà des enfants et en est à un deuxième mariage tardif. Ces pères sont en général très présents durant toute la grossesse.

– *les rapports sexuels* : ils font peur et la demande vient toujours du père : « Peut-on avoir des relations et jusqu'à quand ? Ne risque-t-on pas de faire mal au bébé ? »

– *la date de l'accouchement* : la date présumée de l'accouchement suscite aussi beaucoup de questions et l'inquiétude grandit au fur et à mesure que le terme approche. Le père comme la mère demande qui va aider à la naissance : « Serez-vous là, Docteur ? Vous ne serez pas en vacances à ce moment-là ? »

– *l'hérédité* est une question qui nous est très souvent posée. Il existe fréquemment dans les familles des cas de maladies rares ou peu connues, héréditaires ou non, qui ne sont révélées qu'à l'occasion d'une grossesse. C'est un sujet d'inquiétude pour ce jeune couple qui consulte et même parfois exige une amniocentèse, acte réservé aux antécédents familiaux génétiquement héréditaires, ou supposés tels, comme la trisomie 21 (mongolisme) ou autres anomalies graves, ou encore systématiquement proposé aux patientes enceintes après 38 ans. Il est en effet admis qu'après cet âge, le pourcentage de trisomie serait plus important. Il faut être prudent : j'ai rencontré des pères et des mères inquiets en raison d'une origine métissée, même lointaine, de l'un des deux, ou encore de la présence dans la famille d'un cousin lointain albinos, ou daltonien, d'un asthmatique ou d'un allergique, etc.

Dès cette première consultation, la place du père se dessine, bien différente de celle du passé. Certes, la dimension fondamentale de la sexualité, ne serait-ce que dans la perpétuation de l'espèce, ne peut lui ôter sa fonction spécifique, mais il n'est plus réduit à son inscription dans un registre d'état-civil et n'a plus besoin d'un long processus de maturation psychologique et affectif pour devenir ce père réel et symbolique, bien avant la naissance ! Aujourd'hui, nous le verrons dans notre neuvième rencontre, cette présence si précoce du père dans la vie de notre trio pourrait à juste titre remettre en cause le terme même de « Maternité » attribué encore aux lieux de naissance !

3

Troisième rencontre

« […] Monsieur Laënnec nous a fait distinguer
les battements du cœur de la mère […]
il est essentiel d'observer que leur fréquence ne permet
en aucune manière de les confondre avec ceux du fœtus ! »
Lejumeau de Kergaradec, 1821.

Si notre petit d'homme ne pèse qu'une quinzaine de grammes et ne mesure que quatre ou cinq centimètres, ses membres, eux, se sont déjà développés et ses doigts allongés. Sa langue, sa bouche, ses paupières, son visage, tout prend forme. Les cordes vocales apparaissent, le diaphragme se mobilise. Réuni à son placenta par son cordon ombilical, comme le cosmonaute en apesanteur reste relié à sa navette et à la Terre, il flotte dans son liquide amniotique, bercé par les mouvements du corps qui le porte. Il s'anime aussi de ses propres mouvements. Il bouge depuis longtemps, mais ce n'est qu'à la fin de ce troisième mois que certaines femmes affirment sentir les premiers mouvements. Souvent, elles n'osent y croire, tellement c'est léger : « On dirait une bulle d'air... la caresse d'une aile d'oiseau ».

« *Un, deux, trois, nous irons au bois...* ». La comptine des pères et des mères du troisième millénaire pourrait ajouter : « *Déjà, je t'entends et je te vois...* », alors que le sexe de leur enfant, qui est en train de se différencier, leur reste encore énigmatique, peut-être jusqu'à la naissance. Les chênes de la forêt de Dodone, par le bruit de leur feuillage, prédisaient l'avenir en Grèce, comme le père et la mère accomplissent l'avenir de leur arbre généalogique où ils viennent de s'inscrire en tant que parents. Et cet enfant, que leur fait-il écouter, que va-t-il leur donner à voir ?

Son cœur bat : l'invisible donné à entendre

C'est très récemment, juste avant la fin du deuxième millénaire, que le bébé a pu enfin se faire entendre de son père, et ce dès le troisième mois de sa vie intra-utérine. Et que lui dit-il ? « Mon cœur bat et vous le percevez d'évidence ! » Si l'examen médical des bruits du cœur du bébé est devenu un geste banal pour tout obstétricien grâce au stéthoscope à ultrasons, pour le père l'émotion est d'autant plus grande que ce cœur bat à un rythme beaucoup plus accéléré que le sien, et lui prouve qu'il est vivant. Lorsqu'on se réjouit d'une telle rencontre, peut-on oublier qu'il y a peu de temps encore, il était impossible de l'imaginer ?

C'est en effet Lejumeau de Kergaradec, jeune élève de Laennec, qui le premier, en 1821, a découvert les bruits du cœur du fœtus et a tenté d'en convaincre, mais en vain, l'Académie royale de chirurgie en présentant son *Mémoire sur l'auscultation appliquée à l'étude de la grossesse*[1]. La réponse et le refus de Forestier, membre de cette éminente Académie, furent cinglants : « [...] Les esprits sévères repoussent avec soin les hypothèses gratuites qui émanent d'imaginations faciles à exalter. » La condescendance de ce rejet apparaît presque dérisoire, pour ne pas dire ridicule aujourd'hui, mais elle n'est pas sans rappeler les résistances actuelles émanant de praticiens prestigieux envers la vie sensorielle et émotionnelle intra-utérine. Leur scepticisme défensif attend-il la venue d'un nouveau Laennec pour que les oreilles qui s'étaient bouchées ailleurs se débouchent ici, dans ce mouvement permanent d'écoute et de déni que l'histoire de la psychanalyse ne cesse de nous révéler[2] ?

Le père, aujourd'hui, sait que tout commence alors[3] et que ce scepticisme n'a plus lieu d'être : quand les plantes s'enracinent et que monte la sève, invisible, douterions-nous que le jardin est *déjà* là ? Dans ce ventre qui s'arrondit à peine, se loge la résonance primitive de ce flux qui rythmera tous les instants de la vie, ce ventre d'où nous venons tous. Mais qu'en est-il lorsque l'enfant est en même temps donné à voir ?

L'échographie : l'invisible donné à voir

On peut difficilement imaginer aujourd'hui l'extraordinaire révolution, tant médicale que psychologique et socioculturelle, que fut la possibilité d'apercevoir l'enfant *in utero* !

Avec l'invention de l'échographie, la découverte de la vie intra-utérine a radicalement transformé notre représentation et notre ressenti de l'enfant avant sa naissance : ce qu'on en pressentait il y a seulement quarante ans, mais qui était parfois si violemment contesté[4], est devenu évidence, ouvrant la voie à des connaissances telles qu'on n'en mesure pas toujours les répercussions à venir.

Qu'on en juge : avant la naissance, l'enfant était si peu accessible et imaginable qu'on ne pouvait lui reconnaître d'existence sensorielle et émotionnelle. Sa naissance reste encore numérisée à un âge « zéro » dans bien des carnets de santé, des manuels de puériculture, qui titrent le développement de l'enfant « de zéro à 18 mois », ou « de zéro à 3 ans ». Zéro[5] ! Même nouveau-né, il est encore inexistant dans les actes comptabilisés et les budgets de nos maternités, tel un petit passager clandestin ! Quant au père…

Avec l'échographie, tout a changé. D'abord objectivement, puis de façon de plus en plus nuancée au fur et à mesure que les professionnels avançaient dans leurs pratiques, s'enrichissant de techniques sophistiquées de plus en plus tôt, en début de grossesse. En même temps, nous étions à l'écoute des parents, de leurs réactions, de leurs émotions, de leurs critiques. Actuellement, on est loin des craintes et des débats suscités par les premières échographies : Michel Soulé, psychiatre et psychanalyste, ne dénonçait-il pas, au début des années soixante-dix, le risque d'une interruption volontaire de fantasme – une IVF, en référence avec l'IVG, interruption volontaire de grossesse ? Mais peut-on interrompre les fantasmes et la toute-puissance de l'imaginaire quelles que soient les circonstances ? En fait, rien n'a jamais été aussi peu objectif que l'aventure de l'échographie : d'emblée, les parents ont vu des photos dans ces images, alors qu'elles sont reconstituées en trois dimensions à partir des retours d'ondes ultrasonores et de l'*écho* renvoyé par le corps de l'enfant. Elles figurent en bonne place dans son album de vie, bien avant celles de sa naissance[6] !

Les effets de ces ondes, émises par un appareil mettant en œuvre la piézo-électricité, sont connus depuis 1817, découverts là aussi par un abbé, René Just Haüy. Cristallographe, il avait constaté que la compression d'une lame de quartz faisait apparaître des charges électriques opposées sur les faces soumises à la contrainte, et que, *a contrario*, soumises à un effort d'étirement, les charges négatives et positives étaient inversées. Moins d'un siècle plus tard, les frères Pierre et Jacques Curie mettaient en évidence les mécanismes en jeux dans la propagation des ultrasons, ces ondes acoustiques inaudibles à l'oreille humaine, mais qui nous renseignent sur les obstacles rencontrés. De nombreux animaux s'orientent ainsi.

L'enfant *in utero* est-il sensible aux ondes ultrasonores de l'échographie ? Certainement ! Il réagit à ces vibrations par des modifications de son rythme cardiaque et des mouvements du haut de son corps, bras écartés : il semble vouloir se détourner du flux des ultrasons qui font vibrer son système auditif. Il faut donc rester prudent, et ne pas multiplier ces examens sous la seule pression de parents qui parfois en redemandent, comme on a pu le constater dans certains pays qui nous ont alertés, évitant d'entraîner les parents dans certaines dérives commerciales. Cependant, ce n'est pas simple : père et mère souhaitent s'assurer de la normalité de leur enfant, en dépassant le monde objectivant de l'imagerie médicale, par l'écoute des bruits du cœur du bébé, par exemple.

Bébé : ce terme ne devrait être réservé qu'aux parents. À trop être utilisé par les professionnels, ce *bébé* ainsi nommé leur fait courir le risque de s'identifier aux parents, d'être encore tentés de se substituer à eux – et les confusions de la place de chacun sont bien connues des professionnels de la petite enfance.

Déjà, il bouge !

Les mouvements de l'enfant peuvent être perçus plus ou moins tôt, selon la sensibilité de chaque mère. De nombreuses femmes ne le sentent bouger qu'au quatrième mois. Auparavant, ces déplacements imperceptibles peuvent être confondus avec les mouvements du péristaltisme[7] digestif ou les contractions utérines, car l'utérus se contracte rythmiquement et régulièrement sans que la mère y prête attention.

Quand une mère sent bouger son enfant, quelle émotion : toute tristesse, toute fatigue s'envole. Elle s'ouvre alors à l'écoute joyeuse de son bébé, elle a senti sa présence, elle sait maintenant qu'il est là – sa main tenant alors l'arrondi de son ventre, *main tenant*[8]. Ce n'est pas une perception sensorielle limitée à une partie de son corps : sentir ici est différent, dans cet appel affectif de l'enfant et cette réponse de sa mère. Elle retient sa respiration, et c'est avec son souffle, descendu tout au fond de son ventre, qu'elle fait sentir sa présence. Si la mère sent directement l'enfant bouger, le père doit en passer par le contact du ventre maternel, se plaçant ainsi en troisième position : la dyade se fait « triade », qui d'emblée affirme que la relation établie par l'enfant avec ses parents est beaucoup plus riche qu'on ne le croit.

Pour sentir son enfant, le père ne pose pas ses mains comme s'il touchait un objet, en dehors de toute affectivité : l'enfant ne se mobiliserait pas, et même, avec des pressions et des manipulations trop vigoureuses, il se bloquerait. Mais si le père se contente de laisser une main immobile et légère sur le ventre de sa compagne, entourant leur enfant de toute sa tendresse, il éveille chez celui-ci un désir d'entrer en contact, et l'on peut alors percevoir ses plus légers mouvements.

Bien entendu, l'enfant bouge dans sa poche des eaux bien avant que son père et sa mère ne puissent le percevoir. Pourquoi en parle-t-on comme s'il n'était qu'une masse musculaire parcourue de mouvements réflexes ? Certes, dans les toutes premières semaines, l'activité réflexe est prédominante : si les canaux semi-circulaires de son oreille interne ont enregistré un changement de position de sa mère, il y réagit, car il est à la recherche de son équilibre et d'une position flottante agréable. Une stimulation tactile de la lèvre supérieure, et quelques jours plus tard de la lèvre inférieure et du menton, entraîne une flexion latérale du cou et du tronc, une extension du bras, une légère rotation du bassin, une faible adduction des cuisses. Les doigts se fléchissent si la face palmaire de la main est frôlée. À la fin du troisième mois, lorsque son petit pied rencontre à travers la paroi utérine la main de son père, animée de toutes ses vibrations verbales, une légère inflexion de sa hanche est bien une réponse à celui qui lui parle.

Alors que la voix maternelle lui est en permanence perceptible, il sent à distance variable les vibrations de la voix paternelle, qui se transmettent en lui par conduction osseuse.

Il baigne dans ces vibrations différentes, la mère ne pouvant prendre de la distance par rapport au corps de l'enfant, alors que le père, quand il s'éloigne, creuse cette distance – loin, proche – en même temps que l'intensité de sa voix s'affaiblit ou s'affirme. Et quand la main de la mère, s'adressant à lui silencieusement, attend et espère la réponse des mouvements de l'enfant, il la reconnaît, comme il reconnaît et répond à la main paternelle. Rapidement, l'enfant utilise sa mobilité de façon active, appuyant ses mains et ses pieds sur la paroi de l'utérus, ou cherchant le contact des mains de sa mère et de son père. Ainsi sa motricité fait signe, deviendra signifiante, établissant *déjà* une relation qui nourrira l'affectivité de l'enfant, le réjouissant tout autant que ses parents.

Tout parent peut vivre de tels moments de bonheur aussi précocement, mais l'apport de l'haptonomie en a révélé l'évidence et va bien au-delà. Et c'est dans ce ventre qui s'arrondit à peine que se loge la résonance si primitive de ce flux d'émotions qui rythmera tous les instants de la vie, ce ventre d'où nous venons tous. Pourquoi les pères en sont-ils tellement attendris ?

Fusion, confusion : l'accueil de la vie !

Peut-être, avec ce nouveau regard des pères, le ventre maternel ne sera plus ce lieu de tant de fusions et confusions où la mère ne fait qu'un avec son enfant. Le ventre est, pour tout un chacun, à la fois ce qui nous permet d'assimiler la nourriture pour qu'elle devienne une part de nous-mêmes, et ce qui nous permet de rejeter ce dont nous n'avons plus besoin.

« Comment allez-vous ? » Sait-on de nos jours que, par cette marque de sollicitude, nous sommes dans le prolongement des préoccupations d'antan où la santé se réduisait souvent à la façon dont « nous allions à la selle », mais cessons de faire l'amalgame. Le ventre qui se soulage n'est pas l'utérus qui contient l'enfant à venir, dans ses membranes et son liquide amniotique. La mère n'aura pas à « pousser, pousser » comme on va à la selle, en « expulsant » son enfant ! L'accompagnement haptonomique de la mise au monde de l'enfant apporte un éclairage totalement opposé à ces expressions et aux représentations, si difficiles à dépasser, qui prévalent encore dans nos maternités.

Il est vrai que le ventre de la gestation, que nous nommons « le giron », fonctionne, à l'instar du ventre intestinal, comme un véritable cerveau affectif innervé de millions de neurones, et ce n'est pas un hasard si « l'utérus » a donné son origine étymologique à « l'hystérie ». Aucun père ne devrait plus confondre le ventre digestif que, homme ou femme, nous avons tous en commun, avec le giron de sa compagne. Il a été, comme elle, porté dans le ventre de sa propre mère et il va indirectement revivre, par identification, ce séjour dans le « pays *natal* » qu'évoquent, avec Heidegger, tant de poètes, ce qui ne sera pas sans effet : vous avez déjà « pris du ventre », un ou deux petits kilos, et vos amis s'inquiètent de vos symptômes de couvade[9].

Mais elle a un si joli petit ventre, si plat et encore si disponible ! Vous éprouverez peut-être le désir d'en faire des photos à lumière rasante, le matin, au premier rayon du soleil, ou le soir au couchant, quand l'ombre s'étend sur lui. Certes, son habitant, si discret, ne s'y manifeste qu'imperceptiblement, mais puisque vous savez qu'elle est enceinte, vous allez être attentif aux moindres modifications qui, peu à peu, doucement, insensiblement, se manifesteront. En droit ancien, dans certaines provinces, « le ventre anoblissait », c'est-à-dire que la noblesse était transmise par la mère, et le « curateur au ventre » était celui qui était chargé de veiller aux intérêts de l'enfant auprès de la veuve enceinte, en administrant la succession du père de l'enfant à naître. Enceinte, c'est-à-dire « non ceinte », en référence à la mythologie grecque, où toute femme retirait sa ceinture et la déposait sur l'autel d'Artémis, divinité redoutable mais protectrice des accouchements.

Plus près de nous, la prière chrétienne est éloquente : « [...] *et Jésus, le fruit de vos entrailles, est béni* ». Même si la prière s'est modernisée en invoquant *« le fruit de votre ventre »*, le père en restera-t-il toujours occulté ?

« Je les ferai, moi, les bébés... »

La confusion entre le ventre digestif et le ventre maternel est encore fréquente, car profondément enracinée. On retrouve cette confusion chez les enfants qui, pensant qu'on grossit avec tout ce qu'on mange, croient que les bébés viennent ainsi dans le ventre maternel, sans le différencier du ventre digestif. Ainsi, Gabriel, cet enfant de 2,5 ans qui ne pouvait plus aller à la selle depuis plusieurs semaines ; des suppositoires avaient été administrés, des lavements prescrits en vain et l'idée d'une cause psychique avait fait son chemin. Quand la consultation eut lieu, l'enfant s'était installé entre son père et sa mère : « Il faut que je vous dise que ma femme a fait une première fausse couche et, quelques mois plus tard, une deuxième fausse couche ! » Des larmes sont venues aussitôt aux yeux de la jeune maman. Son petit garçon avait ressenti sa profonde tristesse, au point que son père me fit part alors de ce qu'il avait dit : « Pleure pas maman, je les ferai, tes bébés ! » et depuis, une constipation opiniâtre s'était installée ! Elle ne résistera cependant pas à la verbalisation valorisante de la fonction paternelle : « Ta maman n'aurait pas eu le plaisir de te mettre au monde si ton papa ne lui avait pas donné tout ce qu'il faut pour que tu sois un beau bébé, et que tu puisses grandir en devenant un grand garçon ! » En me référant ainsi à la fonction paternelle qui était à l'origine de sa vie, je donnais à cet enfant sa fierté de « futur père ». Le lendemain, la constipation avait disparu[10].

Dans la vie émotionnelle, schéma corporel et représentation affective du ventre doivent se différencier dès la construction de l'identité sexuelle des enfants : ils deviendront homme et femme, père et mère, non confondus... et peut-être plus tard, des professionnels de la vie prénatale avertis ! Encore faut-il, très tôt, mettre des mots sur ce que la petite fille ne voit pas dans son corps : son utérus, ses ovaires, son vagin, dont l'orifice est bien distinct de son urètre. Même si, au moment de l'accouchement, on dit à votre compagne : « Poussez, poussez ! », déféquer et uriner ne se feront pas par le même chemin que mettre au monde un enfant...

De même faudra-t-il, très tôt, mettre l'accent pour le petit garçon sur la fonction paternelle qui sera la sienne plus tard, à savoir de donner à celle qu'il aime tout ce qu'il faut pour que leur enfant existe, bien vivant. Ainsi pourra-t-il, dans la continuité de son développement affectif, en particulier au moment de l'adolescence et des premiers élans amoureux, ne pas tomber dans les mythes fusionnels de tous ordres liés aux ignorances passées : celles où le rôle géniteur du père était inconnu, où l'enfant *in utero* ne faisait qu'un avec sa mère, n'étant qu'une toute petite partie de son corps de plus en plus envahissante pour alimenter cette confusion encore à l'œuvre dans tant d'expressions : « C'est mon sang, c'est ma vie, c'est la chair de ma chair ». Se familiariser d'emblée avec la frontière, la barrière et la présence si médiatrice du placenta, va sans doute permettre aux générations futures de ne plus imaginer que le sang de la mère coule à flots dans les veines de l'enfant. Le mythe « unaire » n'aura plus sa place que dans la mythologie !

Posez votre tête sur son ventre, affectueusement : si elle vous accueille, ses mains se placeront doucement sur vos cheveux, et vous pourrez alors écouter le chant de son giron, comme un pigeonnier qui roucoule : il s'anime, et c'est une conversation qui s'installe entre son ventre et le vôtre. Accordez-leur un instant de plaisir partagé, source d'une douce chaleur et d'un bien-être apaisant. On comprend pourquoi vous aimez tant photographier la rondeur émouvante de son ventre : il porte la vie, le fruit de votre amour. Que certains le nomment embryon, puis fœtus, peu importe : il a déjà trois mois !

Heureux comme un poisson dans l'eau

À la fin du troisième mois, l'enfant dispose de tout un répertoire d'activités. Sa tête évolue de façon relativement indépendante et, s'il tourne sa tête à droite, étendant ses membres supérieurs et inférieurs droits, ses membres inférieurs gauches sont en demi-flexion, attitude qu'il pourra maintenir pendant un certain temps. Si j'insiste sur ce que l'on appelle le « réflexe tonique du cou », c'est parce qu'il annonce la locomotion aquatique qui prépare la locomotion terrestre, la reptation qui joue un rôle fondamental au moment de la naissance, quand l'appui des pieds vient stimuler la progression de l'enfant à travers la filière maternelle. Il y a interaction entre la posture des yeux et la tension des muscles de la face et du tronc, les yeux s'orientant en fonction des changements d'attitude. L'œil, l'oreille, les récepteurs gustatifs paraissent moins sensibles que les récepteurs labyrinthiques, qui répondent au moindre contact ou changement de position. Nous retrouverons plus tard l'importance des bercements qui apaisent l'enfant.

C'est toute l'enveloppe corporelle qui est sensible à la stimulation : on constate des mouvements des lèvres, de la langue, du menton, de la bouche, lors d'un contact affectif, et le réflexe de succion, déglutition s'ébauche plus ou moins rapidement. Si les bras et les jambes se sont considérablement allongés, ses doigts et ses orteils sont bien formés, et ses extrémités digitales déjà munies d'ongles, mains et pieds, ont découvert depuis longtemps la différence entre toucher activement sa main, son pied, son visage, son cordon ombilical, ou être touché par sa main ou son pied ; il serre les poings, ouvre sa bouche, avale son liquide amniotique, le goûte avec grand plaisir, tourne la tête, s'exerce déjà à respirer, même s'il n'y a pas d'air dans ses poumons. Il s'entraîne, se prépare à sa vie post-natale, mais toutes ces activités ne peuvent se prolonger longtemps, les « ateliers musculaires » se fatiguant rapidement. Ces mouvements favorisent la circulation sanguine et assurent la croissance harmonieuse des diverses parties du corps qui, flottant dans l'eau, ne sont jamais écrasées, le liquide étant incompressible, ce qui leur évite d'être transformées en crêpe aplatie quand la mère se couche sur le ventre !

« Parfait », nous dit notre petit habitant des profondeurs, « mais apprenez ce qui réjouit mon cœur : j'ai un père qui a placé deux alliances à l'intérieur d'une balle de ping-pong, introduite à l'entrée de l'oviducte[11] d'une poule, à l'endroit précis où se produit l'ovulation. Entraînée par les contractions des parois de l'oviducte, la balle s'est déplacée lentement pour être enrobée d'une couche de blanc d'œuf, puis recouverte d'une coquille. La poule a pondu cet œuf apparemment très ordinaire, mais la balle de ping-pong avait pris la place du jaune et entourait les deux alliances. Vous imaginez le bonheur de celle qui, ayant envie d'un œuf à la coque, découvrit le contenu de cette petite balle… ».

Croire que l'oralité ne commence qu'après la naissance et la mise au sein, c'est ignorer tout ce qu'il en est de la succion fœtale. À bas bruit, tout se prépare. Un jour, le mamelon maternel comme le biberon paternel offriront leur lait délicieux ; et même si les modalités de succion et leurs saveurs sont bien différentes, la tendresse sera au rendez-vous.

La succion, déjà !

L'échographie nous a confirmé que l'enfant suçait son pouce très tôt, mais nous le savions… « déjà » ! Nous avions remarqué que le pouce de certains nouveau-nés était marqué par cette succion, qu'ils voulaient rapidement reprendre si on ne s'y opposait pas. Ce plaisir intense de succion lié à la déglutition prépare à la succion post-natale, indispensable au moment où l'enfant doit, activement, assurer la satisfaction de ses besoins. Il se prépare, il anticipe, et sa mémoire archaïque, génétiquement programmée, jette les bases de ce qui sera l'indispensable fonction digestive, importante dès la vie embryonnaire. Le stade oral est « déjà » là, bien avant la naissance ! Lors d'une césarienne, il arrive que l'enfant suce énergiquement ce pouce qui semble tant le sécuriser : on est alors obligé de séparer le pouce de sa bouche pour faciliter la sortie de l'utérus. Ce n'est peut-être pas un hasard si certains enfants carencés, privés de tendresse, sucent compulsivement leur pouce : ils tentent de se consoler et de se sécuriser par eux-mêmes et, lorsque l'absence de relations affectives perdure, ils se replient sur des plaisirs de bercements et de balancements stéréotypés, encore plus archaïques, qui les isolent davantage.

Impossible donc de se donner à soi-même cette sécurité de base ? Effectivement, car c'est seulement dans une relation affective qu'il y a une chance de la développer, indissociable d'une présence pleine de tendresse qui laisse libre de s'épanouir et de découvrir le monde. Pour calmer leur enfant, certains parents lui enfoncent dans la bouche une sucette, cette « tototte » bouche-trou qui le fera taire, pour ne plus entendre ses cris. « Tète, et tais-toi ! » Le désir est ici écrasé par le besoin, et on prétend qu'il a faim, ou qu'il a « besoin » de sucer, mais ce dont il a envie, c'est d'un contact tendre, de paroles, et que l'on s'adresse à lui non pas comme à un tube digestif, mais comme à un être humain. Laissons parler l'obstréticien.

Troisième rencontre avec l'obstétricien

L'échographie : première photo de famille !

La consultation du troisième mois est essentiellement centrée sur l'échographie et le dépistage des anomalies détectables à ce stade de la grossesse. Lors des trois premiers mois, période sensible, l'œuf est fragile et peut s'éliminer à tout moment. L'échographie confirme en général la bonne évolution observée au cours de l'examen clinique, mais l'image représente quelque chose de magique pour les parents, et en particulier pour le père, très à l'écoute, attendant avec impatience cette échographie de la douzième semaine, qui est pour lui le « certificat » de bonne santé de son enfant. La mère, beaucoup plus confiante, est sûre d'elle : « Je sais que tout va bien ! », dit-elle très souvent... tout en s'émerveillant elle aussi de l'image.

En effet, l'échographie de la douzième ou treizième semaine est un temps beaucoup plus fort que celle de la cinquième semaine d'aménorrhée : on peut voir bouger « l'embryon », moment primordial pour le père, confronté à la réalité vivante non pas de cet embryon, mais de son enfant qui l'implique déjà dans sa paternité naissante. L'imaginaire et les fantasmes abondent, mais qu'importe ! Il cherche déjà sur l'échographie quelque correspondance anatomique : « Tu vois chérie, il me ressemble ! » C'est souvent « il », et non « elle », avant de connaître le sexe. Il questionne les détails anatomiques, révélant son angoisse et son anxiété certes, mais aussi son désir d'apprendre à connaître « déjà » cet enfant qui flotte devant ses yeux. « Il bouge beaucoup, Docteur ? Est-il déjà nerveux ? »

Dans une enquête réalisée auprès des pères, l'un d'entre eux avait confié : « Le grand moment de la prise de conscience de ma paternité a été l'échographie de la treizième semaine ; la réalité physique de mon enfant m'a ouvert à la responsabilité d'être père, à une certaine angoisse aussi quant à mes capacités à l'assumer ».

Les limites de l'imagerie : le sexe de l'enfant

Si l'échographie est une découverte d'imagerie médicale fondamentale dans de nombreux domaines et particulièrement dans celui de l'obstétrique, elle doit rester un moyen de diagnostic et de dépistage, et non une séance ludique et familiale de rencontre prolongée et répétitive avec l'enfant dans le giron de sa mère, comme certaines « officines » non médicalisées le proposent encore.

De même, l'échographie ne doit pas être un prétexte à dire le sexe de l'enfant, ce que les couples demandent souvent à connaître. Pour moi, ce n'est pas le but de cet examen, sauf s'il existe une hérédité de maladie grave liée au sexe. L'annonce d'un sexe non désiré, même inconsciemment, soulève angoisse et malentendu. Le vécu de cette déception, consciente ou non, peut avoir une répercussion sur le bébé qui a surtout besoin d'amour et de présence, et non de rejet. De plus, l'annonce du sexe pendant la grossesse n'apportera aucun élément permettant au père de se structurer et d'accéder paisiblement à sa paternité. La mère, pour sa part, « habitée » par cet enfant et donc infiniment comblée, me semble ne pas avoir le même besoin d'en connaître le sexe et, dans mon expérience, en exprime beaucoup moins la demande. À la naissance peut survenir la déception d'un sexe non désiré, mais elle est au moins différée, et rapidement atténuée par la présence du bébé. Il est intéressant de signaler ici que, lorsque le bébé est placé dès la naissance sur le ventre de sa mère, il se passe un certain temps avant que l'un des parents demande : « Au fait, est-ce un garçon ou une fille ? », comme si le sexe n'était pas important à ce moment-là. On entend parfois : « Est-il normal ? », surtout de la part du père, mais l'angoisse qui plane en salle de naissance est légitime pour un jeune couple et il ne faut surtout pas s'en alarmer.

Enfin, la connaissance du sexe avant la naissance peut créer un problème douloureux si par malheur une anomalie grave était révélée, ou s'il survenait une mort fœtale : l'enfant est déjà prénommé, la couleur de ses vêtements choisie, le travail du deuil est plus difficile pour les parents.

Les effets des ultrasons sur le fœtus

Cette question reste insuffisamment étudiée de façon approfondie. L'innocuité de l'examen prénatal est déduite de leur utilisation depuis près de cinquante ans sans aucun effet délétère rapporté. Cependant, le doppler pulsé (étude ultrasonographique de la vitesse du flux sanguin dans les vaisseaux) atteint des intensités de dix à vingt fois supérieures au balayage échographique simple, et peut délivrer une puissance pouvant élever de 1 °C la température du tissu ciblé. Cet effet, quoique minime, ne peut être négligé, d'autant que les examens sont aujourd'hui plus fréquents et plus longs en temps d'exploration. Il est donc important de ne pas faire durer trop longtemps les examens et d'éviter l'utilisation inutile ou prolongée du doppler, surtout en début de grossesse. Enfin, il est évident qu'une hygiène stricte du matériel utilisé s'impose.

Certaines mères observent, voire s'inquiètent d'un ralentissement des mouvements de leur enfant après une séance d'échographie, sans qu'on ait pu déterminer si la cause est directement liée aux ultrasons ou à l'ensemble des conditions de l'examen lui-même. Certaines études, en particulier celles des pays nordiques, nous conduisent à alerter les parents pour qu'ils refusent les propositions commerciales d'échographies-souvenir qui exposent inutilement le bébé aux ultrasons[12].

Trois échographies sont recommandées et remboursées par la Sécurité sociale pendant la grossesse, une à chaque trimestre. Cependant, en dehors de ces trois examens de dépistage importants et réalisés de façon très précise, un balayage rapide avec la sonde abdominale lors des consultations mensuelles peut rassurer les parents et l'obstétricien si nécessaire. Encore faut-il faire savoir que, si l'échographie ne permet pas de tout détecter, le père, de cette place qui lui revient, apporte la confiance nécessaire pour les mois à venir.

4

Quatrième rencontre

« Un, deux, trois ! Nous irons au bois.
Quatre, cinq, six, cueillir des cerises ! »

Avec cette comptine, nous entrons dans les quatrième, cinquième et sixième mois, ce deuxième trimestre où la triade « père-mère-enfant » s'enrichit de nouvelles expériences, se complexifie. Il se promène avec vous, monte en voiture, en métro, part en vacances, en week-end, à la campagne et dans les bois ! C'est toute une cénesthésie, une sensibilité globale de perceptions qui rejoint la pluri-sensorialité émotionnelle de l'enfant. Surtout, il s'ouvre à une dimension sociale qui ne le quittera plus : la famille, l'entourage, le voisinage entrent dans la ronde, amplifiée par la confirmation d'une annonce aux uns, une réponse affirmative aux autres, lorsque s'exprime le doute suscité par les nouvelles rondeurs ou qu'il faut bien évoquer les prévisions d'arrêt de travail. L'univers intra-utérin s'élargit vers le monde extérieur, et la mère elle-même va partager avec les autres ce qu'elle ressent des mouvements de l'enfant, si émouvants lorsqu'ils en perçoivent l'ondulation.

Qu'éprouve-t-il lorsqu'il sent de mieux en mieux une différence entre les mains affectueuses de son père et des mains « objectivantes » qui s'emparent de son monde utérin, lui imposant un déplacement brutal ? Ou quand sa mère est manipulée pour être examinée ? Il la sent sur ses gardes, fragile et tendue au moindre contact. Il partage alors un stress qui lui est indirectement infligé et qui, s'il se répète, alimente une propension qu'ont certains bébés à rester sur leur « qui-vive ». C'est pourquoi, en haptonomie, on ne met jamais en jeu les réflexes de défense d'une femme enceinte : inutile de la traumatiser et d'atteindre ainsi, indirectement, son enfant.

Rencontre avec l'haptonomie : l'émerveillement partagé

Avant de prendre contact avec l'enfant, l'obstétricien est attentif au confort de la mère. « Vous êtes bien installée ? Vous voulez un coussin sous votre tête ? Vous permettez que j'entre en contact avec votre enfant ? ». Son compagnon ne la quitte pas, posant sa main sur son bras, sur son épaule. On ne lui parle ni d'un embryon, ni d'un fœtus et, si le mot bébé est parfois utilisé, le mieux est de dire « votre enfant », le terme de bébé étant réservé selon nous à ses parents. Il est important de ne pas parler à leur place… La réponse est le plus souvent dans un sourire, dans l'acquiescement d'un regard.

Haptonomie, un nom étrange pour une chose si simple ! « *Haptein* », en grec, signifie « rapprocher pour unir, contacter, toucher » ; « *nomos* » « la loi ». Ainsi, étymologiquement, l'haptonomie est l'ensemble des lois qui président à tout contact, à toute relation affective au long de notre existence. Pour son fondateur, Frans Veldman, en l'appliquant tout particulièrement à ce temps de la grossesse, elle est une permanente invitation à le vivre dans une sécurité apaisante et pleine de tendresse. Il ne s'agit pas de « cours », ni de séances de préparation à l'accouchement « programmées » en groupe. On ne prépare ni le père ni la mère : *ce sont eux qui se préparent,* anticipant ce qu'ils veulent vivre chacun et ensemble avec leur enfant, à trois, dans une aventure singulière et unique.

L'étonnement que partagent les parents en découvrant la vie affective prénatale, et cette aptitude méconnue de leur enfant à entrer en relation avec eux, fait rapidement place à l'émerveillement. Pour Socrate, il n'y avait pas de philosophie possible sans cet étonnement permanent, ce « *thaumazein* », cet enthousiasme – *en-théos,* ce divin en nous – qui ajoute ici une dimension d'admiration et de respect. Les parents qui aiment seraient-ils, dans notre civilisation, les derniers philosophes d'une période révolue ? Ou les premiers de ce siècle placé sous le signe de Kirikou, l'enfant qui s'exprime dès sa vie intra-utérine : « Mère, enfante-moi ! »[1] ? Socrate, fils de la sage-femme Phénarète – *celle qui fait apparaître la vertu !* – était expert en maïeutique, au point d'appeler ainsi sa méthode d'enseignement, consistant à « accoucher les esprits des pensées qu'ils contenaient sans le savoir »[2] !

Et effectivement, les sages-femmes sont ici au premier plan.

L'entretien du quatrième mois : une rencontre particulière avec la sage-femme

Quel progrès constituera sans doute dans les années à venir l'entretien du quatrième mois s'il est mené par des sages-femmes sensibilisées, sinon formées, à l'apport de l'haptonomie : la mentionner, la proposer, la mettre en jeu avec le père pourrait ouvrir des horizons insoupçonnés au « projet de naissance » que cet entretien a pour but d'évaluer. Évaluation, valorisation, certes, mais surtout valeur relationnelle et affective d'une consultation qui, loin de tout interrogatoire, deviendra une rencontre sécurisante.

De plus en plus nombreuses sont les sages-femmes qui s'inscrivent aujourd'hui dans des réflexions partagées autour de la vie prénatale affective et sensorielle, de la prévention, de l'humanisation de la maternité[3]. Ils et elles revendiquent ainsi la place qu'elles ont toujours occupée à bas bruit dans ces mois fondamentaux de la vie : « ils » et elles, car les « sages-femmes » hommes choisissent à présent ce métier, et cela ne va pas sans coïncider avec la place de plus en plus accordée au père[4] !

Pour un autre enseignement de la périnatalité

Une relation affective n'est pas une théorie que l'on commente, ni une technique de manipulations, ni une séance de gymnastique fœtale ! Aucun manuel ne pourra jamais remplacer l'accompagnement pré et post-natal. De même, pour les professionnels, la formation en ce domaine ne peut se résumer à une simple information ou sensibilisation. Il s'agit de plus, très fréquemment, de compléter, voire de modifier en profondeur l'empreinte d'un enseignement médical, avant tout scientifique et technique, ne s'adressant qu'au seul corps-objet. Loin de nous l'idée de nier les progrès de l'obstétrique tant pour la mère que pour l'enfant, mais il faut constater que son enseignement initial ne laisse guère de place à l'affectivité de l'être humain, en tant qu'individu unique, habité par le langage, tant dans ses effets relationnels qu'inconscients. Cependant, tout espoir n'est pas perdu : actuellement, on dénonce enfin dans les ministères, comme dans les médias, la formation des futurs médecins réduite à la seule transmission des Centres hospitalo-universitaires, loin de toute valorisation d'une médecine généraliste, globaliste, relationnelle, qui commence à nous faire cruellement défaut. Les programmes de formation continue ont bien du mal à compenser cette impasse initiale et cette ignorance du psychisme.

Certains praticiens affirment qu'ils ont toujours fait de l'haptonomie sans le savoir, mais quand on voit leur façon de prendre contact, on ne peut que déplorer leur improvisation. La bonne volonté ne suffit pas, et ne pourrait que desservir l'immense espoir que représente le développement de l'haptonomie pour un accueil de l'enfant plus sécurisant. Face à une telle innovation, nous ne pouvons que cheminer lentement, prudemment, en exigeant le respect d'une véritable formation haptonomique[5].

Après le plaidoyer des années 75-80 « pour une naissance sans violence », la découverte de la sensorialité prénatale, de sa continuité post-natale, et la reconnaissance des capacités relationnelles du nouveau-né ont commencé à s'imposer : celui-ci n'est plus « ce morceau de chair humaine, sourd, aveugle, insensible, animé de quelques réflexes archaïques », conception que nous avons si longtemps dénoncée. Les pratiques qui président à son accueil ont-elles été pour autant profondément modifiées ? On reste consterné devant ces documents télévisés où on se passe encore de main en main le nouveau-né, ballotté comme un petit paquet hurlant : ce sont les adultes qui restent sourds et aveugles à son égard ! Pourtant, il n'est pas un professionnel de la petite enfance qui ne soit aujourd'hui convaincu du rôle fondateur de l'établissement serein et apaisant des premières relations père-mère-enfant, et de leur importance dans la prévention primaire.

Heureux comme un bébé dans l'eau : la vie prénatale « oubliée » ?

Que devient votre enfant-poisson ? Il ne mesure encore que quinze centimètres et ne pèse qu'un peu plus de cent cinquante grammes, mais déjà, ouvrant et fermant sa bouche, il tire sa langue pour avaler et goûter son liquide amniotique, sur le chemin d'un savoir ce qui est bon pour lui. S'il n'aime pas, sa tête se jette en arrière, dans une attitude de refus ; mais s'il aime, il incline la tête en avant ou sur le côté, et bien sûr tout son corps est en mouvement : il lève ses bras, étend ses mains, les ouvrant, les fermant, son pouce se déplaçant déjà de façon indépendante, évoquant le souvenir phylogénétique des primates quadrumanes dans leur escalade des arbres. Pour le moment, ce qui le captive, c'est son cordon ombilical, qu'il suce et manipule pour percevoir dans sa bouche et ses mains toutes les variations de son rythme cardiaque – cent quarante à la minute !

D'une échographie à l'autre, on s'étonnera de voir l'enfant manipuler son cordon ombilical de plus en plus finement : on comprend alors pourquoi, après sa naissance, il investira tant l'index de la main paternelle, puis le long cou de Sophie-la-girafe – Sophie la sagesse ! – plus que tout autre jouet en caoutchouc, sans que les fabricants aient bien compris la continuité pour l'enfant entre le monde du dedans et celui du dehors. Lorsqu'il joue avec son cordon ombilical, la maîtrise du crayon n'est pas loin, qui l'invitera à l'écriture : les cris feront place à l'écrit, lorsque l'inconscient – qui n'a pas d'orthographe – sera recouvert par cette amnésie infantile qui ouvre l'accès au « conscient » et à l'âge de raison. Quel dommage que la vie prénatale soit ainsi « oubliée », car c'est bien ce refoulement qui alimente toutes les résistances aux changements de nos pratiques obstétricales, et de bien d'autres ! Il faudra bien un jour lever le voile sur cette « amnésie » qui nous concerne tous… et ne nous est jamais enseignée[6].

Parfois, l'enfant ne répond pas à votre discrète invitation : n'insistez pas ; toute période d'activité motrice est suivie d'une période de repos, de récupération. D'ailleurs, l'enfant particulièrement sensible à tout changement de position de sa mère et aux variations du tonus utérin ressent le relâchement des muscles de son périnée dès qu'elle est allongée et veut dormir. L'enfant en profite pour manifester sa liberté de mouvements, qui ne doivent pas être interprétés comme un sentiment de malaise, mais de détente agréable et libre. S'il ressentait quelque chose de déplaisant, ce serait différent : il trépignerait, secouerait ses membres supérieurs et inférieurs, et sa mère ne s'y tromperait pas. Le père non plus qui, souhaitant qu'elle se repose un peu, qu'elle s'endorme, entre en relation avec l'enfant, le calme verbalement dans un contact apaisant pour tous. Il ne le touche pas directement, à travers la peau maternelle, puisqu'il flotte dans cette bulle liquide incompressible contenue dans l'utérus de sa mère ; mais le plus simple appel, la plus légère pression des mains, et il répond !

Amortisseur perfectionné, le liquide amniotique est un merveilleux conducteur de vos messages : il répartit les pressions sur l'ensemble du corps de l'enfant et évite qu'il ne se sente écrasé si sa mère se couche encore sur le ventre. Durant ses premiers mois, il se déplace sans encombre, flotte, nage, ondule de toute sa colonne vertébrale, dans un curieux mouvement de reptation natatoire, qui nous montre que tout son corps se souvient encore de ce qu'il était, il y a bien longtemps, quand, avant de vivre sur la terre ferme, nous vivions au sein de la mer.

Pour que la motricité de l'enfant s'épanouisse et que son système nerveux se perfectionne, il faut que les cellules nerveuses situées dans le cerveau continuent à coloniser progressivement tous les muscles de l'organisme : d'abord le visage, les membres supérieurs, puis le tronc, enfin les membres inférieurs. Au début, une stimulation de la lèvre entraîne l'ouverture de la bouche. Une légère stimulation du dos, et c'est l'extension de la tête, avec ouverture de la bouche. La stimulation de la voûte plantaire assure les mouvements de flexion d'une jambe et l'extension de l'autre, avec rotation de la tête et mouvements des globes oculaires. Puis vient un temps où la réponse de l'enfant n'est plus seulement localisée au niveau des membres : il ouvre la bouche, avale son liquide amniotique.

Imaginons ce liquide comme une fontaine de jouvence ! L'enfant y vit, à l'abri de la pesanteur, avalant ce liquide qui met en jeu tout son clavier digestif, parcouru de contractions péristaltiques, ce qui lui permet de stimuler l'activité de son foie, de son pancréas, de tout son appareil digestif, agissant ainsi, indirectement, sur son cerveau, par l'intermédiaire des endorphines du système parasympathique, pour assurer l'endormissement. Le liquide amniotique fait partie de son monde, de cet ensemble « liquide-membranes-cordon-placenta ». Il s'y meut à l'aise, chez lui, paisiblement, avec en lui le souvenir des premières cellules vivantes dans l'immensité marine, bien avant l'invention des batraciens et autres animaux venus coloniser la surface de la Terre.

Heureux comme un bébé dans l'eau ! En suçant son pouce, il explore déjà le monde, le goûte : savoir ce qui est bon ou mauvais, sucré ou salé, c'est le début du discernement et de la sagesse – de *sapide* à *sapiens* – il n'y a qu'une gorgée de différence !

L'éveil du goût et les saveurs du monde

Au troisième mois, dans son « palais » amniotique, l'enfant commence à apprécier les moindres modifications de ce liquide : il l'explore avec sa langue et, s'il apprécie, il avale cet écho direct de nourritures maternelles variées, annonçant les plaisirs à venir. À l'intérieur de sa bouche, sur la face interne de ses joues et toute sa langue, d'innombrables papilles gustatives tapissent ses muqueuses, ainsi que sur le tiers supérieur de son œsophage. Elles ne disparaîtront progressivement qu'après la naissance, laissant en place sur sa langue les papilles du « V » lingual. Ainsi, dès sa vie intra-utérine, l'enfant apprend à goûter la nourriture de son environnement, dont un certain nombre d'éléments passent la barrière amniotique.

On a longtemps cru que le liquide amniotique était toujours le même, alors qu'il est renouvelé en permanence. L'alimentation maternelle modifie le goût de ce liquide, tout comme elle modifiera plus tard le goût du lait : les exemples du curry, de l'ail, et de toutes substances aromatiques sont bien connus et, dès sa vie intra-utérine, l'enfant construit son origine « géographique » culinaire, et surtout culturelle ! On sait – hélas ! – qu'il en est de même du passage de l'alcool, du tabac, des drogues dans le liquide amniotique, mais combien reste difficile la prévention dans ce domaine : y faisons-nous suffisamment participer les pères ? On connaît de mieux en mieux les trajets de ces substances dans le corps de l'enfant *in utero* et ses préférences. Il aime particulièrement le sucré, qu'il déglutit plus vite, alors que des substances amères, désagréables au goût, bloquent la déglutition fœtale pendant un temps plus ou moins prolongé.

Mieux : les reins permettront à l'enfant d'éliminer ces substances comme tout déchet toxique dans son urine, qui se déversera dans son liquide amniotique, puis sera éliminée à son tour par les voies urinaires maternelles. Nous avons la preuve de ces mictions fœtales par l'échographie en couleur, qui nous permet d'observer également le passage du liquide amniotique entrant par la bouche en même temps qu'il est rejeté par les narines, sans qu'il n'y ait de réflexe de toux : ce n'est qu'après la naissance que s'installera cette toux défensive et protectrice.

Ses mains et ses pieds découvrent les limites de son territoire : un pied s'étend et rencontre une paroi, il se retire ;

l'autre pied s'étend à son tour, c'est le réflexe de la marche qui s'annonce, préparant toutes les activités motrices à venir.

Entrez dans la danse : l'utérus maternel, première « sécurité de base »

La base de départ, le sol sur lequel l'enfant prendra appui, est, de toute évidence, l'utérus maternel : « *basis* » – du verbe grec « *basis* », point d'appui – c'est le socle de la statue, l'estrade. Elle nous renvoie à cette sensation « fondamentale », dans tous les sens du mot, que l'enfant éprouve dès ses premiers mois de vie fœtale – et tout être humain, homme ou femme, garde le souvenir sécurisant d'avoir pris appui sur la paroi de l'utérus maternel, à l'origine de tous nos élans à venir.

L'utérus, tout comme les membranes amniotiques, se laisse distendre par le volume de l'enfant, non pas comme un ballon gonflable dont le volume augmenterait sous l'influence d'une pression interne, mais comme un muscle qui se contracte régulièrement, de façon imperceptible le plus souvent. S'il pèse soixante-quinze grammes au début de la grossesse, il passera progressivement du volume d'une mandarine à celui d'une orange, d'un pamplemousse, puis d'un ananas, et finalement d'un ballon de rugby. Au cours du quatrième mois, la hauteur utérine est aisément repérée : le fond de l'utérus est à mi-distance entre le pubis et l'ombilic. Ce muscle, qui devra réaliser un véritable exploit sportif au moment de l'accouchement, se prépare régulièrement, à bas bruit, et les contractions utérines, en fin de grossesse, auront pour but d'aider l'enfant à s'« excorporer » au moment de la mise au monde.

À la fin de l'accouchement, ce muscle pèsera un kilo et demi ! Si des biceps d'homme se développaient dans la même proportion – de soixante-quinze à mille cinq cents grammes – de quelles prouesses olympiques ne pourraient-ils se prévaloir ! Simplement traversée par l'enfant et passive, la femme qui le met au monde ? Il ne pourrait naître si l'utérus ne l'aidait à cheminer tout au long du sexe maternel, et si, ô combien actif à son tour, il ne répondait à l'invitation de son père.

Dès à présent, le père voit l'enfant à l'échographie, il le sent avec ses mains : l'enfant appuie un pied, puis l'autre et, dans cette alternance, le père découvre que son enfant danse, comme lui-même, comme tout être humain a dansé dans son propre espace utérin. Les Grecs avaient un nom pour désigner le lieu de la danse, des chorégies et des chorégraphies : « *khôros* », le *chœur*, et « *koros* » pour le *danseur* ; ce n'est pas un hasard si, à partir du « *khôrion* » grec, nous avons nommé « *chorion* » cette partie du placenta qui se développe quelques semaines plus tard. Cette double membrane amniotique et chorionique, qui produit ce liquide dans lequel l'enfant danse pendant les neuf mois de sa vie prénatale, accueille ce « *chœur* », où parents et enfant ne cessent de chanter et de s'émouvoir, quand berceuses, rondes et autres comptines y font déjà leur nid.

Debout, derrière elle, entourant son ventre entre ses deux mains souples et accueillantes, le père accompagne son souffle et sent l'enfant se bercer en dansant d'avant en arrière, ou de droite à gauche. Ils dansent tendrement ensemble, ils chantent à deux voix, polyphonie conjugale d'un bonheur partagé par l'enfant avec ses parents. Le père a dénoué la ceinture de la mère et invité son ventre à se placer dans sa base ; elle a laissé sa tête aller sur son épaule. Elle porte déjà une robe ample, légère, et sa poitrine a depuis quelque temps augmenté de volume. Elle la donne à voir, montrant qu'elle est enceinte, et heureuse de l'être. « Ma grossesse fut une longue fête », répétait Colette, qui ne s'était jamais « si bien portée » !

Elle a cessé de fumer, ne boit plus d'alcool, dort davantage, mais ce n'est pas toujours elle qui éteint la lumière la première. Le père la précède souvent, sa tête à peine sur l'oreiller. Elle voudrait parfois s'endormir en sentant qu'il l'accompagne dans son souffle, et dans les bras l'un de l'autre. Nul besoin, en ce cas, de se lancer dans le long circuit d'une relation sexuelle, puisque le résultat est le même : un bonheur si simple ! Mais cela n'exclut pas éventuellement d'autres moments de plaisir.

Quatrième rencontre avec l'obstétricien

Le deuxième trimestre est une période plus calme et plus sereine que le premier trimestre, qui s'était écoulé plus ou moins bien. En effet, le début de grossesse est parfois difficile, la mère devant s'adapter à cette inondation hormonale qui entraîne les signes dits « sympathiques » de la grossesse, car attribués à la prédominance du système nerveux sympathique : nausées et vomissements sont souvent handicapants et peuvent gêner le quotidien, surtout quand les femmes ont une activité professionnelle. Tout a été dit sur l'origine de ces symptômes : angoisse, rejet de la gestation par la mère, le père, ou l'entourage familial, ou une éventuelle mésentente du couple ! En fait, beaucoup de paramètres biologiques et cliniques sont en cause, et les hormones ont une part importante de responsabilité. À présent, nausées et vomissements se sont apaisés et l'on peut percevoir le ventre qui s'arrondit. Bonheur et joie règnent sur les parents en attente des premiers mouvements de l'enfant, perçus justement autour du quatrième mois, à vingt semaines d'aménorrhée.

La consultation du quatrième mois : l'amniocentèse... et autres perspectives !

La consultation du quatrième mois est exigée, depuis peu, par les pouvoirs publics afin de dépister les problèmes sociaux et d'éventuels antécédents personnels ou familiaux à explorer. Elle est souvent prise en charge par les sages-femmes qui, en plus de ce dépistage, en font l'occasion d'échanges sécurisants et d'une prévention plus prévenante que prédictive. Obstétriciens, professionnels de PMI, sages-femmes et travailleurs sociaux n'ont pas attendu, bien entendu, les exigences des tutelles pour s'intéresser au vécu et aux antécédents des femmes enceintes, mais tout ce qui contribue à renforcer cette vigilance et cet accompagnement ne peut être que bienvenu. Encore faudra-t-il y associer plus largement les pères !

À ce stade de la grossesse, beaucoup de questions vont surgir, au présent comme au passé, et les mères demandent à leur mère comment s'est déroulé leur accouchement... et par-là même leur propre naissance. Les pères, influencés par ce qu'elles en disent, vont à leur tour rechercher ce qui a pu se passer pour eux, les circonstances de leur conception et, de plus en plus souvent actuellement, le déroulement de « leur » gestation pour leur propre mère, leur propre père, d'autant plus que cette nouvelle génération de père fait de ces derniers des grands-parents ! D'autres interrogations peuvent surgir ici, comme l'inquiétude d'une transmission héréditaire d'un trouble familial. Un éventuel conseil génétique peut être décidé, si des paroles rassurantes ne suffisent pas.

C'est aussi à cette période que se pose l'éventualité de l'amniocentèse si la mère est âgée de plus de 38 ans, et si le test sanguin de dépistage de la trisomie s'avère positif, associé ou non à une épaisseur de la nuque du bébé, augmentée à l'échographie de la douzième-treizième semaine. L'angoisse des parents est importante face à l'examen qui présente en lui-même un certain risque d'avortement et plus encore lors de l'attente, de cinq à quatorze jours, avant d'en obtenir les résultats. Heureusement, le dépistage de l'anomalie chromosomique est très souvent négatif. Personnellement, j'ai été confronté à un seul avortement spontané après amniocentèse et à un seul diagnostic de trisomie 21 en près de trente-cinq ans d'expérience de ce type d'analyse. Il arrive aussi que des anomalies surviennent bien avant certaines limites d'âge et avec des tests de dépistage négatifs, car, répétons-le, nous ne maîtrisons pas tout. L'essentiel est de savoir écouter les angoisses de patientes qui, pour une raison inconnue, ont un pressentiment défavorable et souhaitent à tout prix un dépistage, même si elles ne relèvent pas des critères sélectionnés.

Cela m'est arrivé une fois dans ma carrière et je regrette encore de n'avoir pas entendu les cauchemars, les peurs ou les pressentiments de ce père d'un certain âge, qui m'avait confié faire un enfant à sa jeune épouse pour qu'il lui survive. Il avait voulu récupérer le berceau de son enfance dans un grenier, mais celui-ci s'était cassé… Après le décès de leur enfant à la naissance et dans la tristesse où j'étais pour ce couple qui avait tant investi dans cette grossesse, j'ai appris qu'il fallait être particulièrement attentif aux propos signifiants des parents. L'haptonomie m'a permis d'améliorer encore l'intimité qui s'instaure entre le couple, l'enfant et l'obstétricien – la relation et la communication prenant une tout autre dimension lors de cette quatrième rencontre. À ce moment, il va être question de la préparation à la naissance : où, avec qui, et comment ? Qu'en sera-t-il de la douleur à l'accouchement ?

Dès ce quatrième mois, une guidance haptonomique peut s'établir, avant même que la préparation à la naissance proprement dite soit mise en place. L'accompagnement prénatal haptonomique ne doit pas, en effet, être interprété comme une simple préparation à la naissance : il est bien plus que cela !

La guidance haptonomique prénatale : première séance

Pas plus que « la naissance sans violence », l'haptonomie n'est ni une technique, ni une méthode : c'est une approche qui permet à la fois à la mère et au père de nouer une relation réciproque affective avec leur enfant, bien avant la naissance. Cet accompagnement ne peut se faire en groupe : la place que tient l'affectivité dans ces événements exige un respect de la vie privée et de l'intimité. Il nécessite une rencontre personnelle entre l'accompagnant/thérapeute et les accompagnés, et engage une certaine prudence, tenant compte de la singularité de chacun. Seule la séance d'information sur l'approche haptonomique et l'accompagnement prénatal peuvent éventuellement se tenir avec des groupes de parents. Il est indispensable de présenter les différents moments de la grossesse et de l'accouchement sur le plan anatomo-physiologique, d'informer sur les divers maux de la grossesse, petits et gros, de faire connaissance avec les lieux de naissance et les personnes qui soignent et accompagnent. Rappelons ici que l'accompagnement prénatal haptonomique est incompatible avec la sophrologie et toute autre « technique », respiratoire, etc.

Cette relation transforme le vécu de la grossesse et établit un contact intime avec le bébé. Grâce à ce contact, les parents apprennent à accompagner activement leur enfant vers son entrée au monde pendant sa naissance, et après. Cet accompagnement apporte beaucoup à l'établissement de relations affectives épanouies au sein de la famille, comme le confirment les témoignages de parents. Chacun acquiert progressivement sa place dans les rapports internes et intimes entre les autres membres de la famille. La jalousie, par exemple, ne s'exprime plus par l'agressivité, mais par la nécessité d'une communication affective entre chacun[7].

Cette guidance doit débuter de préférence au début de la grossesse et au plus tard à la 27e semaine, afin qu'un contact affectif bien adapté au stade de croissance du bébé puisse se développer progressivement. Un début plus tardif, après la 29e semaine, devrait être évité, car la maturation de la relation affective parents-enfant demande du temps pour se réaliser de manière optimale et harmonieuse. Il faut aussi, comme il a été déjà rappelé plus haut, une adhésion totale à ce projet de la part du père comme de la mère et une réelle confiance envers le praticien. Si le couple se présente au tout début de la grossesse, avant le troisième mois, nous pouvons réaliser une première séance d'initiation de la mère à laquelle le père est associé. Il s'agit tout d'abord, et c'est primordial, de laisser parler et écouter les demandes, les réflexions, le vécu des deux parents, leur histoire dans leur famille respective, leurs parents, leur fratrie, leur propre naissance, tout en faisant préciser les antécédents douloureux ou mal vécus, s'il y en a eu[8]. Il est temps alors de présenter le vécu haptonomique, en référence à l'« *hapsis* », cette intelligence du cœur et ce corps de contact, au fondement de tout travail haptonomique. Il faut faire percevoir clairement, dans un climat de tendresse, les effets et le mieux-être obtenu par cette première sensibilisation.

Après avoir donné à la mère le sentiment de sa base et de son giron en position allongée, il s'agit maintenant qu'elle le vive en position debout. Malgré les tabous anesthésiants de l'éducation judéo-chrétienne, elle peut ouvrir et fermer sa base et sentir que cette région est bien vivante, en l'animant d'un sentiment de tendresse et d'accueil possible : le bassin, souvent tendu, est libéré, le ventre durci se relâche. À la fin de cette première séance, la notion de giron doit être bien perçue, et le père sent sa compagne rassurée, dans un état de confort et de bien-être affectif.

Le contrôle de la statique vertébrale se fait aussi lors de cette séance avec contrôle du losange de Michaelis[9], en faisant remonter en alternance les genoux en position debout. Lorsque la mère reste dans une certaine insécurité en début de grossesse, il est bénéfique de l'aider à intégrer l'environnement spatial et les personnes qui s'y trouvent, et à faire ainsi l'apprentissage de ce que nous appelons le « *circumsensus* », qui lui sera particulièrement utile dans la salle de travail, comme à son compagnon.

À partir de cette première séance, les parents peuvent mieux sentir la présence de leur enfant dans le giron, et apprendre à le rencontrer. Si le père et la mère découvrent cette approche différemment – la mère du « dedans » et le père du « dehors » –, il ne s'agit ni pour l'un, ni pour l'autre, de reconnaître l'anatomie du bébé, mais « d'être avec lui » pendant un petit moment, pour faire sentir leur présence affective. Cela ne doit pas se prolonger trop longtemps, car le bébé ne suivrait plus ! De même, les réactions des parents sont différentes, mais toujours dans une joie précieuse pour nous qui assistons à ces moments d'intimité heureuse. Nous pouvons lire sur le visage du père l'étonnement et le bonheur que procure une simple réponse de l'enfant, sous la forme d'un léger mouvement d'ondulation. L'enfant est là, sous la main du désormais « père », bientôt nommé « papa » par la mère et l'enfant. On termine la séance en réalisant le « détachement » en douceur, car il faut savoir se retirer pour que cette fin soit bien vécue.

Les séances d'haptonomie chez le thérapeute sont d'emblée une invitation à poursuivre cette relation chaque jour à la maison, par le couple, simplement pour le plaisir. On comprend mieux qu'il ne s'agit pas d'une technique, mais d'un accompagnement de la fonction « d'être avec », et « avec amour ».

La deuxième séance d'haptonomie : rencontre avec le bébé

Située entre le quatrième mois et le cinquième mois, elle est en fait la première si la rencontre avec le couple se fait après le troisième mois, le plus souvent vers quatre mois et demi de grossesse, à vingt semaines d'aménorrhée environ. Les mouvements du bébé ont été déjà perçus par la mère, habitée de l'intérieur par cet enfant, mais qui veut aussitôt y associer le père… Grâce à sa voix et à son contact, l'enfant découvre un espace extérieur à sa mère, qui le commente :

« Tiens ! Voilà ton papa qui arrive, il ouvre la porte ! ». Il sent que ce dernier lui fait ce bisou rituel qui rejoint cette « bulle d'appartenance » qu'est la triade mère-père-enfant, et que nous nommons « *l'espace haptique* ». Si le père est absent, en voyage ou à son travail, la mère par ses paroles ou ses rêveries, le fait exister et vivre, avec elle et l'enfant.

Il convient ensuite de continuer le travail d'approche haptonomique : recontrôler le bassin, retrouver le contact affectif et le sentiment de la base qui invite l'enfant. Désapprendre les idées reçues sur la respiration, ne plus s'en occuper et laisser la place au souffle qui viendra spontanément. Le bébé va suivre les appels des mains de l'accompagnant, puis du père ; celles-ci l'appellent doucement à se déplacer à droite, puis à gauche, en haut ou en bas. L'enfant vient sous la main du père : sa simple présence invitante suffit, et nous sommes heureux de montrer aux parents comme leurs mains peuvent être apaisantes. Quand l'enfant bouge un peu trop, le contact le sécurise et le calme, et au fil des jours, ils apprennent les nuances subtiles de ce contact affectif et de leur « présence de base ».

Dans la pratique, la rencontre avec le bébé se fait en trois temps. Le thérapeute approche le bébé et l'invite : les parents regardent et la mère ressent ce doux mouvement de va-et-vient dans son giron tandis que les muscles du ventre se relâchent. La mère joue à son tour : on lui propose de toucher son enfant à travers la paroi abdominale, pour qu'elle objective son corps et le ballon de son utérus, en le différenciant de son giron. Le père, enfin, crée sa relation avec le bébé, en fonction de son désir d'aller vers lui.

À ce moment-là, la rencontre des regards est primordiale entre les parents : il n'est pas nécessaire de regarder ses mains, ni d'essayer de deviner l'anatomie du bébé, mais, répétons-le, de rencontrer le bébé, de respecter sa disponibilité. Les mains sont posées légèrement, uniquement avec la paume, dans ce contact « thymo-tactile » – venant du cœur – qui s'inscrit, au fur et à mesure de l'évolution de la grossesse, dans cette rencontre affective où l'enfant apprend à connaître et re-connaître ses parents. Il s'agit toujours de séances courtes, pour ne pas fatiguer le bébé, et respecter le moment où il s'arrêtera de lui-même et ne répondra plus aux sollicitations.

Le premier bercement peut être enseigné à la fin de ce quatrième mois, si le couple est réceptif à cette proposition. La mère est allongée sur le dos, jambes repliées et le père place une main sous la base afin d'obtenir un léger mouvement de balance. Alors, le ventre maternel et le dos se détendent, et l'enfant se berce doucement, à son rythme. Ses parents lui chuchoteront les mots qui leur viendront du cœur, et peut-être commenceront-ils avec lui ce dialogue, ces berceuses et ces comptines qui ont enchanté leur mémoire !

5

Cinquième rencontre

« Cinq sur cinq ! Je vous reçois cinq sur cinq ! »
Un cosmonaute, relié par son cordon
à sa nacelle, et, par la voix, à la Terre-mère.

Cinq sens ensemble, unis comme les cinq doigts de la main, vont, au cinquième mois, s'épanouir pour constituer cette pluri-sensorialité qui, au fil des jours, se développera sous l'égide des premières perceptions auditives On est à l'aube des sens, qui nous est devenue si familière aujourd'hui. Et en premier lieu, la voix de la mère, la voix du père, les voix des parents qui dialoguent et vont s'adresser à lui.

« *Corps subtil, la voix s'incorpore* »

Jacques Lacan[1] ne croyait pas si bien dire : dès la vie intra-utérine, l'enfant entend, et c'est une découverte essentielle de cette dernière moitié du XXe siècle. En 1960, dans *La psychanalyse, science de l'homme-en-devenir*, j'avais souligné l'importance des perceptions auditives au cours de la vie fœtale, signalant combien les voix du père et de la mère en étaient un des objets électifs. Au moment de sa naissance, on l'avait dit sourd, aveugle, insensible[2], et nous avons réalisé avec Frédéric Leboyer qu'il n'en était rien ! Dans le même temps, nous avons découvert que, bien avant la naissance, l'enfant percevait les voix qui calment et qui nourrissent affectivement, ces voix que l'enfant incorpore et qui s'incarnent en lui, quand il est « toute ouïe », et *déjà* avec nous, parmi nous, sans même que nous le sachions. À la fin des années 70, les travaux de Jean Feïjoo[3] avaient fait l'unanimité, et on ne cesse de les approfondir. Contacts, vibrations sonores, sont perceptibles non seulement par sa membrane tympanique, mais aussi par toute sa surface cutanée qui est, au début de la vie, une oreille sensible aux plus subtiles vibrations – par exemple, les sons aigus perçus par l'enfant au niveau de son visage, les graves dans le bas de son corps, selon Marie-Louise Aucher[4].

Qui dit voix dit appel à l'être, mais une parole d'homme n'est pas une parole de femme: elle a des effets différents. En passant à travers le corps maternel, elle résonne dans l'espace amniotique de façon bien particulière, puisque la voix paternelle, plus que la voix maternelle, est particulièrement riche en sons graves. Quand une mère parle à voix haute, à son entourage ou à son enfant, sa voix vibre dans tout le corps de celui-ci, puisqu'il est contenu en elle. Plus récemment, Marie-Claire Busnel et son équipe ont montré que, lorsque la mère parle à son enfant avant sa naissance, à voix basse, voire « silencieusement », les rythmes du cœur de l'enfant en sont modifiés[5] !

La mère étant toujours à la même distance de son enfant, il n'y a pas avec elle d'effets lointains ou proches. En revanche, la voix paternelle lui parvient de très loin ou de très près et, en creusant l'espace, lui permet de ressentir la distance à laquelle se situe celui qui parle. Lorsqu'il est en relation paisible avec sa femme et son enfant, la voix du père a des effets d'autant plus sécurisants pour lui qu'elle se situe dans les graves : le ralentissement de son rythme cardiaque en témoigne, nous laissant entendre que la parole s'incarne en lui. Le passage de la voix extérieure à travers la corporalité maternelle préfigure en quelque sorte sa sortie du corps de sa mère pour retrouver le monde extérieur où son père continuera de l'accueillir.

L'audition fœtale est bien reconnue actuellement ; aussi pouvons-nous nous étonner de cette « surdité » que l'on attribuait à l'enfant *in utero*, alors qu'il s'agissait bien – et qu'il s'agit encore trop souvent – de la surdité des adultes à son égard ! Peut-être est-ce en raison de son silence utérin que tous pensaient – et pensent encore parfois – qu'il n'entend pas ? Il suffit de s'adresser à lui pour qu'il nous réponde ! Et les anciens qui nommaient « *infans* » celui qui ne parlait pas – le différenciant de « *puer* », l'enfant en âge de parler – savaient que les « *infantes* » entendaient parfaitement bien !

Ainsi, cet enfant que vous pensez « dedans » se trouve déjà « dehors », non seulement parce qu'il est à l'écoute de la voix, mais aussi de tout ce bruissement du monde qui l'entoure et qu'il entre en relation avec celui ou celle qui s'adresse à lui. Il devient progressivement l'inventeur de cette « topologie affective » sur laquelle nous reviendrons et où l'inconscient s'inscrit déjà dans la trame du désir de l'autre.

Cependant, dans la presque totalité du déroulement d'une journée, vous parlez de lui, on vous parle très souvent de lui... mais sans s'adresser à lui, comme s'il était absent. Or, au cœur de cette cinquième rencontre, nous découvrons le plaisir de l'enfant quand ses parents lui parlent ou s'adressent à lui affectivement. Vous pressentez l'importance de ce temps d'*être-avec lui,* dans le *présent* d'un maintenant où il écoute les paroles qui lui sont destinées, en même temps qu'il ressent les appels manuels, tendres et pleins d'émotion, qui lui sont prodigués.

Présence, présent, le trésor des signifiants

Si c'est Jacques Lacan qui a mis l'éclairage sur l'importance du « signifiant » verbal, nous pouvons dire après lui que tout ce qui fait signe à l'enfant a valeur de signifiant pour lui, et pour nous. Ce ne seront pas seulement la parole[6] ou le sens des mots qui importent à cet âge, c'est la vibration de *l'être-avec,* au cœur de l'intime.

Ainsi chez cette femme, inquiète, tendue : des mouvements inhabituels de l'enfant, des séries de petites secousses ont déclenché une angoisse diffuse. Ce qu'elle décrit est cette curieuse réaction motrice que l'on nomme le hoquet fœtal, réflexe qui peut apparaître très tôt et qui inquiète, intrigue les parents qui se demandent ce que l'enfant peut bien faire à s'agiter et à se secouer régulièrement, rythmiquement, pendant un temps plus ou moins long que l'on peut observer à l'échographie, où le diaphragme tendu vient comprimer le foie, volumineuse « éponge hépatique », richement oxygénée.

Or, ce hoquet fœtal survient parfois dans des circonstances bien précises : ici, cette jeune femme est persuadée que l'enfant, qui « cogne en bas, régulièrement, veut sortir ! ». Ce hoquet fœtal est apparu au moment où elle était bouleversée par une information télévisée concernant un violeur. Elle avait beaucoup souffert elle-même d'une mère qui la forçait à manger, la gavait, multipliait les lavements, comme autant de viols. Pouvant se libérer de ce qu'elle avait associé à propos de ces événements, elle invite son compagnon à prendre contact avec le bébé dont le hoquet disparaît, et qui retrouve son calme, au grand soulagement de tous. On avait affaire à un hoquet symptôme, riche de signifiants non verbaux, invitant à une verbalisation partagée où l'enfant était au cœur de toute l'attention.

Lorsque l'enfant, participant au bonheur maternel, ressent la voix du père accueillie par la mère, il l'intègre dans cette *ternarité* heureuse de sensations multiples, étroitement associées aux contacts des mains du père auxquelles les petits pieds de l'enfant répondent ! Une connivence se crée, le père et l'enfant se réjouissent de cette présence que chacun perçoit de l'autre, comme étant pour lui le plus beau des cadeaux, dont notre langue dit bien qu'il est aussi un « présent ». Être présent à l'autre, n'est-ce pas un message essentiel de l'haptonomie ?

Certaines mères sentent très facilement ce que l'enfant veut vivre et faire vivre à l'autre, et elles disent au père : « Laisse encore tes mains sur mon ventre, ne fais rien, est-ce que tu sens ? Il se balance, de droite à gauche... Ah ! C'est déjà fini... Il se berce à présent autrement. Quand tu es là, il improvise... mais toujours au même rythme ! » Au quatrième mois, nous avions vu l'enfant entrer dans la danse, mais ses parents savent-ils que le « *meleomai* » grec, qui signifie « prendre soin de », rejoint la « *mélôdia* » – dans cet accord mélodieux des voix mêlées qui nous enchantent. Actuellement, les décideurs politiques et administratifs semblent oublier les différences essentielles entre *soigner* les corps et *prendre soin* de l'autre, entre *traiter* et *bien-traiter* : on perd la mélodie de la vie et du temps béni de cette écoute affective que tout vivant attend toujours, inlassablement, de ses parents. Dans ces entretiens amoureux, les parents prennent conscience que l'amour, c'est d'être trois, eux deux et leur enfant, ce fruit vivant de leur rencontre, et c'est en l'accueillant ainsi qu'ils entrent « en parentalité », découvrant un monde inconnu jusqu'alors.

Il est temps que la théorie psychanalytique fasse au père la place qui lui revient naturellement au cours de la vie prénatale.

« Déjà » père avant la naissance : père réel, père symbolique, père imaginaire ?

C'est une singulière réalité qui se vit de nos jours au sein d'une famille naissante : la place qui est attribuée au père, dès l'annonce par la mère de cette vie intra-utérine qui commence, et bien avant celle qu'il prendra après la naissance[7]. Véritable révolution, à laquelle ont contribué l'échographie en présence du père, les bruits du cœur qu'il entend, mais surtout le contact affectif haptonomique auquel il s'invite, et qui permet à l'enfant de lui répondre. Ce père réel, enfin libre d'occuper une place nouvelle auprès de sa femme et de leur enfant, apporte un éclairage inattendu à cette tripartition déjà si enrichissante proposée par Lacan : *père imaginaire, père symbolique, père réel*[8].

En parlant à son enfant, en s'adressant à lui, comme nous l'avons dit plus haut, le père se place d'emblée dans l'ordre symbolique du langage et de l'usage des signifiants, et la mère y contribue en lui reconnaissant cette place de « père » et en parlant de lui à l'enfant. Mais quand ce père pose des mains pleines de tendresse sur le ventre de sa compagne, et quand il sent la réponse de l'enfant qui vient se déplacer sous sa main, il comprend qu'une relation nouvelle s'établit : cette réponse à son appel le remplit d'un émerveillement que la mère partage, l'ayant ressenti de l'intérieur : « Tu as vu, il te répond ». C'est bien autre chose que la perception d'un simple mouvement ! L'émotion de chacun est au rendez-vous de la rencontre : se mouvoir, s'émouvoir.

Si, comme on le décrit parfois, le père ne faisait que déplacer l'enfant de gauche à droite dans le ventre maternel comme un objet, il induirait des tensions inutiles, celle d'une sorte de gymnastique prénatale qui n'a rien à voir avec l'haptonomie. Ce qui importe, c'est cet état de bien-être, cette possibilité de s'éprouver comme bon en se sentant accepté, et de percevoir combien l'enfant est sensible, dès sa vie intra-utérine, à la confirmation affective que ses parents lui donnent. Pourquoi nommer « attachement » cette relation affective privilégiée et sécurisante ? Le terme même évoque pour moi le lien qui immobilise, alors que l'alternative « invitation/réponse » rend libre, loin de tout mécanisme d'action/réaction. Vivre le bonheur d'être accueilli, de se sentir aimé et précieux, sans être possédé comme une chose, c'est aussi la promesse d'être libre plus tard pour pouvoir prendre ses distances et vivre sa vie.

C'est cette tendresse sécurisante qui permettra à l'enfant, à son heure, de prendre son essor : ainsi, cette proximité tendre est-elle corrélative d'une prise de distance nécessaire pour le développement de l'autonomie.

À ce moment précis, le père qui participe à cette évolution est lui-même à l'aube de la différenciation entre père réel, père symbolique, père imaginaire. Pour nous, le père imaginaire ne se situe pas dans une relation de maîtrise et de toute-puissance dans laquelle on a situé traditionnellement le Père, qui représenterait la Loi. Ici, la « ternarisation » de la relation, où chacun écoute et invite l'autre tout en attendant sa réponse, laisse la place à l'imaginaire dont toute attente est constituée. Le droit de rêver appartient aussi au père – voilà qui ferait plaisir à Wilfred Bion et à Donald Winnicott – rêverie faite d'anticipations, de poésie de la vie et de l'amour.

Et quand la mère, posant ses mains sur son ventre, invite son enfant à monter vers son cœur, le père, qui pourtant ne sent plus l'enfant sous sa main, se réjouit de la réponse de l'enfant faite à sa mère. Celle-ci va inviter à son tour l'enfant à revenir dans la main du père qui l'attend, et ce retour s'accompagne alors de sourires complices et partagés. Source de réjouissances affectives prénatales au cœur de l'intimité conjugale, l'enfant prépare ainsi le père à la fonction sécurisante qui sera la sienne, à cette présence qui se réjouit de s'effacer et de revenir dans une relation d'amour réciproque.

Est-on si loin ici de la théorie lacanienne de la métaphore substitutive du Nom du Père et de sa fonction de tiers séparateur ? Beaucoup moins qu'il n'y paraît, même s'il est vrai que des termes psychanalytiques comme le Père tout-puissant de la Loi, reprenant le Père de la horde freudienne et son meurtre par les fils révoltés, nous paraissent d'un autre temps, marqué par la société et la culture de la fin du XIXe siècle. C'est que Lacan nous a proposé une lecture bien différente de la structuration de l'être humain, libérée des mythes fondateurs où Freud avait puisé pour illustrer les désirs qu'aurait tout enfant de tuer son père et de coucher avec sa mère[9]. Qui aurait pu penser que le père réel de la trilogie lacanienne allait nous aider à étayer cette relation prénatale, si longtemps refusée par notre culture, alors qu'elle devrait être au cœur de toute pratique obstétricale ? Comment peut-on encore en ignorer, justement, la réalité ? Une réalité qui nous ouvre peut-être à une réflexion aux horizons inattendus.

Dieu le Père ? La vie intra-utérine, genèse de l'idée de Dieu

Des travaux récents ont démontré que le rythme cardiaque de l'enfant s'apaise de façon très significative quand le père lui parle et que ses effets sécurisants se prolongent longtemps. Rappelons ici que la mère ne peut pas se séparer de sa propre voix, qui vibre dans tout son corps et donc dans tout le corps de l'enfant : il est entouré de toutes ces vibrations maternelles devenues habituelles. La voix paternelle, elle, s'éloignant et se rapprochant, creusant l'espace et le temps, est la *voie* d'une rencontre bien différente ! De même, lorsque la relation du père et de la mère s'établit dans la proximité, quand les mains du père sont posées sur le ventre de sa femme, l'enfant ressent de l'intérieur le bonheur de la *voix* maternelle dans tout son corps, alors qu'il ressent tout autrement son père, qu'il ne *voit* pas, mais qu'il entend venant de l'extérieur. Cette ternarité de sensations, qui s'enrichissent progressivement, mène à un plaisir, une réjouissance qui « ouvre le cœur », le dilate un court instant, ou un plus long moment : les chercheurs ne nous disent pas autre chose lorsqu'ils constatent les changements du rythme cardiaque intra-utérin de l'enfant à qui ses parents s'adressent.

Ce bonheur, si intime et si profond, au fondement de l'ouverture affective de l'être humain, certains le confondent avec l'expérience mystique et les relations à la divinité tant il est auréolé et nimbé d'un transcendant sacré. Dans notre culture judéo-chrétienne, Dieu tout-puissant, Dieu le Père, n'est-il pas défini comme « Celui qui nous parle et que nous ne pouvons pas voir » ? Devons-nous comprendre ici que ces représentations du divin prennent leurs sources dans ces parents invisibles qui nous parlent pendant notre vie fœtale, nourrissant notre vie affective originelle de toutes ces sensations indicibles et sécurisantes ? Les parents qui parlent ainsi à leur enfant seraient-ils à l'origine des divinités bienveillantes qui, dans « un silence religieux », ne cessent d'animer les croyants ?

Les enfants qui s'abritent dans cet espace materno-paternel sont peut-être à l'origine de cette divinité créatrice, tutélaire et universelle, qui a nourri bien des visions mystiques : « Le Tout-puissant posa sa main entre mes épaules. Ce n'était pas une main d'homme, mais une main de puissance et de volonté. Je sentis sa fraîcheur dans mon cœur. Tout ce qui était en moi disparut pour laisser place à la connaissance première et ultime. Je fus empli de joie et d'allégresse. Je me sentis ferme et calme [...] ». C'est ainsi que Mahomet décrit sa montée au ciel[10].

Quoi qu'il en soit, dans le secret de cet espace, un corps subtil s'incorpore : la voix, qui apparaît bien avant le regard. L'*entendre* précède le *voir*, mais l'enfant, dès la naissance, va unifier et synthétiser sa « poly-sensorialité » intra-utérine, faisant la jonction entre ces gestes qui le portent, ces mains qui l'entourent, et cette voix qui lui parle et le touche[11].

Chaleur et tendresse : la main du père

Sans la chaleur, les humains ne seraient pas là ! Peut-être ce petit enfant intra-utérin aura la curiosité plus tard d'ouvrir son ordinateur, comme le font déjà tant d'enfants passionnés de nos jours par les dinosaures, et de revenir près de deux cents millions d'années en arrière, au moment de l'apparition de ses lointains ancêtres, les premiers mammifères : ils ont inventé l'homéothermie qui permet de conserver toujours une même température interne, le sommeil lent modérateur des variations thermiques interne et une fourrure protectrice. Chez l'humain, la température varie aussi pendant le sommeil, et les femmes mesurent leur température matinale pour repérer leur ovulation.

Dans sa vie intra-utérine, l'enfant en pleine croissance consomme beaucoup d'oxygène, tout en produisant un grand nombre de calories, ce qui se traduit par une élévation importante de sa température. Son liquide amniotique transporte à distance ces calories, comme l'eau d'un radiateur de voiture permet d'éviter un échauffement trop important. C'est un petit chauffage central pour sa mère qui évacue elle-même cet excès de chaleur par une augmentation de sa propre température : le père, en bon conducteur, ne s'en inquiétera pas ! Mais plus tard, si la salle de travail n'est pas à la température adéquate, la mère risquera de se refroidir vite. Encore faut-il que les mains et les paroles de l'obstétricien et de la sage-femme soient chaleureuses, et qu'on laisse à son compagnon, au père de leur enfant, la place qui lui revient.

De même, après sa naissance, l'enfant, on le sait, se refroidit rapidement ; mais pourquoi le réchauffer dans une couveuse, loin de sa mère, alors que le contact peau à peau avec elle est irremplaçable, pour lui comme pour elle, au nouveau creux de son ventre allégé ? Ses bras se substitueront aux membranes, aux enveloppes, au placenta : ces compagnons des profondeurs laissent leur place à la chaleur de la mère et du père, qui entoure sa compagne et leur enfant, créant un espace d'apaisement et d'amour. Lorsqu'il se penchera ainsi sur son enfant nouveau-né, posant ses mains au bas de son dos et lui chuchotant les mots qui lui viendront du cœur, il ne fera rien d'autre que de poursuivre ses élans de tendresse qui s'étaient déjà inscrits dans leur histoire prénatale.

Il en rêvait dès cette cinquième rencontre.

Cinquième rencontre avec l'obstétricien

L'abdomen s'est bien arrondi : c'est une femme enceinte, le ventre en avant, qui arbore sa grossesse avec fierté. Nous sommes toujours dans le deuxième trimestre – une période calme où les signes dits « sympathiques » ont disparu, tandis que les contractions utérines physiologiques du troisième trimestre ne sont pas encore apparues. Le bébé donne des signes de sa présence active par des mouvements bien perçus par les parents et, s'il y a eu amniocentèse, les résultats sont connus et rassurants.

La consultation et l'échographie du cinquième mois sont importantes, en raison des examens pour le dépistage du diabète gestationnel et des anomalies morphologiques. Ces examens sont source d'angoisse tant pour la mère que pour le père, qui est très présent lors de l'examen d'imagerie. Il s'agit d'une échographie morphologique : l'enfant en mouvement est bien visible et l'examen approfondi des organes vitaux comme le cœur, les poumons, la colonne vertébrale, le cerveau, le foie, nous permet d'explorer rigoureusement tous les détails anatomiques. L'enjeu est d'importance, tant pour le praticien, qui se doit d'être minutieux dans son étude des diverses mensurations, que pour les parents qui, en général, investissent fortement cet examen. Le père pose beaucoup de questions, car il sait qu'il existe des anomalies graves qu'il convient de dépister. Et en ce cas, le bonheur des précédentes consultations se transformerait en cauchemar. Lorsque nous, accoucheurs, puéricultrices ou sages-femmes, sommes confrontés à une mort fœtale ou une anomalie grave, il faut l'annoncer – annonce ô combien difficile ! – et envisager « une interruption thérapeutique de grossesse », toujours douloureuse[12]. L'haptonomie peut nous aider à mieux accompagner les parents dans ces moments où l'émotionnel risque toujours de submerger les uns et les autres.

La troisième séance d'haptonomie : le père s'allonge !

Notre suivi habituel du cinquième mois de la grossesse nous amène à la guidance haptonomique et à la préparation à la naissance, qui sera proposée et réalisée par l'équipe de la maternité accueillante, ou par une sage-femme libérale. Les séances se font au rythme des parents, sans que rien ne leur soit imposé et, si les rendez-vous ne sont pas pris en fin de séance, ils peuvent les fixer plus tard par téléphone. Le cinquième mois renforce la prise de conscience de la paternité, et devant ce giron qui s'arrondit, le père se rend compte de cette réalité de façon plus concrète. Comme à tout moment-clé de la vie, porteur de fragilité, voire de dépression, nous pouvons mieux comprendre pourquoi quelques pères se « sauvent » alors, ne pouvant assumer la responsabilité de cette paternité. C'est pourquoi parler de préparation à la naissance a ici toute son importance.

L'accompagnant a le souci du comportement des parents dans leur relation affective avec leur bébé. Pour le père, il doit être attentif à ce qu'il perçoive bien les mouvements du bébé, et qu'il ne dise pas : « Oui, je les perçois » pour nous faire plaisir : d'éventuels blocages sont toujours possibles, et importants à décoder. Après avoir démêlé le problème qui parasitait l'approche affective, on peut recommencer l'initiation au contact haptonomique en se consacrant au père. Ce dernier est allongé, torse nu, sur le ventre, et l'accompagnant contrôle prudemment sa vulnérabilité, voire son incapacité à pouvoir changer cet état tout seul. Il est essentiel de bien comprendre l'invitation haptonomique au « prolongement », lorsque nous demandons au père de « se prolonger » dans les mains, les poignets, les bras du thérapeute et ce, jusqu'à ses épaules, comme l'aveugle se prolonge naturellement dans sa canne pour se diriger. L'invitation se fait avec le « souffle », et non pas avec la respiration, et on peut constater que le blocage et la vulnérabilité ont cédé la place à une peau plus souple avec un relâchement musculaire. Les deux mains de l'accompagnant sur les flancs du père leur donnent un certain « ballant », léger et agréable, dont il s'étonne aussitôt : son état de tension a disparu, il n'est plus sur le « qui-vive » sur la défensive, il ne se tient plus sur ses gardes. L'intérêt de ce ressenti et de ce vécu par le père est primordial pour la suite, car il comprend qu'il pourra aider de la même façon son épouse et son bébé pendant toutes les séances à venir, au cours la grossesse, et au moment des contractions de l'accouchement et à la naissance de l'enfant. Cette même confrontation de la vulnérabilité peut se faire avec la mère, mais seulement avant le troisième mois de la grossesse, pour éviter tout stress à l'enfant.

Se préparer à la naissance : le père concerné

La naissance et le mode d'apparaître au monde, spécifique à chaque société, sont infailliblement liés à ses institutions, sa culture, ses croyances. Dans nos pays occidentaux, il semble, en comparant avec d'autres cultures, qu'il soit difficile d'attendre un enfant et de devenir parents. La famille, l'environnement professionnel n'accueillent pas toujours favorablement l'annonce d'une nouvelle naissance, et les familles de quatre ou cinq enfants sont rares. Enfin, l'éloignement de la nature, les ruptures de transmissions culturelles intergénérationnelles et l'hyper-médicalisation de la naissance la rendent presque inaccessible à l'imaginaire des parents. La préparation à la naissance n'en est que plus légitime. Différente de la guidance haptonomique et ayant un tout autre impact, elle peut se faire en groupe. Les pères sont souvent présents et très demandeurs ; mais il faut s'adapter à leurs horaires ! Ces réunions, proposées vers le cinquième mois de la grossesse à raison de deux séances par mois – indépendamment, mais parallèlement à la guidance haptonomique – sont toujours passionnantes, suscitant toutes sortes de questions et de réflexions. Un accouchement peut-il se dérouler sans douleur, sans risque, sans violence, et quel sera mon rôle ?

La préparation à la naissance commence toujours par une séance d'information générale, primordiale pour la mère comme pour le père. Il s'agit d'anticiper l'accouchement, de faire connaissance avec les lieux en visitant la salle de naissance, en rencontrant le personnel soignant qui informe futures parturientes et conjoints de ce qui peut se passer. Mais comment anticiper la naissance ? D'abord, comprendre l'anatomie du bassin féminin, la disposition de ses organes sexuels, trop souvent méconnus par les femmes elles-mêmes et, qui plus est, par leur conjoint. Des schémas peuvent être utiles et servir d'appui. Les pères font souvent semblant de tout savoir, mais ils restent très intéressés et finissent par être nos principaux interlocuteurs lors des séances ! L'accouchement, acte fondateur s'il en est, ne peut être banalisé tant par la mère que par le père, et bien sûr pour l'enfant. Les séances de préparation à la naissance sont des prétextes pour échanger librement en donnant le temps aux deux parents de s'exprimer, pour évacuer leurs peurs, poser toutes sortes de questions, être rassurés devant l'inconnu que représente cette épreuve, dont le caractère initiatique ne nous échappe pas. Autrefois appelées « cours d'accouchement sans douleur » ou encore « psychoprophylaxie obstétricale », ces séances de préparation servaient surtout à détourner l'esprit de la mère par des exercices respiratoires, « respiration du petit chien », actuellement considérée comme une ineptie physiologique ! Aujourd'hui, avec l'apport de l'haptonomie et les progrès nos connaissances dans ce domaine, nous n'avons pas le droit de contribuer, par un manque quelconque de notre part, au ratage de l'une des plus grandes aventures de la vie d'un couple.

Cette première séance d'information comporte toujours un rappel anatomique : l'utérus et le vagin, de même que le col et le corps utérin, demeurent des termes un peu énigmatiques, car au-delà des petites et grandes lèvres, la méconnaissance anatomique est complète tant pour les mères que pour les pères. Les rôles des différents organes pendant la grossesse sont facilement compris et intégrés, mais le périnée, en revanche, lui reste peu connu. C'est pourtant une entité anatomique fonctionnelle particulièrement importante dans la vie d'une femme, que ce soit pendant les rapports sexuels, ou au moment de la grossesse et de l'accouchement, avec ses implications digestives, notamment dans la constipation.

Le père pose beaucoup de questions sur le périnée, parfois d'avantage que les mères. Ils s'inquiètent pour l'avenir ligamentaire du soutien des organes de leur épouse, reviennent sur les relations sexuelles. Lorsque, tout de suite après l'accouchement, une mère se plaint de fuites urinaires, ce sont les pères qui insistent pour en parler et savoir l'éventuelle gravité et les soins à faire pour éviter des conséquences plus importantes. Nous leur indiquons que la rééducation réglera vite ces désagréments.

L'anatomie du bassin est tout aussi énigmatique et demande des explications : pourquoi a-t-il cette forme et quel rôle ont ces trois axes de sortie que va emprunter le fœtus pour naître ? Ceci est loin d'être neutre et, lors de ces séances, les pères demandent de façon systématique : « Pourquoi donc la mise au monde est-elle si difficile chez les humains alors que la plupart des autres espèces animales s'en accommodent nettement mieux ? » Dans l'espèce humaine, la bipédie est en la cause. En effet, les animaux à quatre pattes ont une matrice qui repose sur l'abdomen et la pesanteur ne risque pas d'entraîner l'accouchement prématuré.

Chez la femme, la station érigée implique l'existence de « verrous de sécurité », à savoir le bassin et ses différents axes qui ne permettent pas une voie de sortie rectiligne et directe : l'axe de l'utérus avec son antéflexion (fléchi en avant) et son antéversion (versé en avant), l'axe du col qui joue le rôle d'un sphincter, et d'une certaine façon aussi, l'hyperlordose, c'est-à-dire la cambrure. On constate de même que, depuis les préhominiens comme « Lucy » jusqu'à l'homme moderne, l'évolution du volume du cerveau et de la boîte crânienne est passée de 400 chez l'australopithèque afarensis à 1 500 centimètres cubes chez l'homme moderne. Par voie de conséquence, le bassin osseux s'est considérablement modifié, lui aussi. Il est évident que la position érigée définitive a entraîné la mise en place de ces verrous de sécurité chez la femme pour protéger le fœtus dans le giron. L'accouchement sera une libération de ces verrous : comment s'y préparer ?

S'initier à la levée des verrous !

Le premier verrou, à savoir le bassin osseux, a une forme originale avec ses trois axes : la colonne vertébrale, véritable mât structurant l'ensemble, tandis que le sacrum, incurvé vers l'avant, joue un rôle de tremplin pour la tête de l'enfant. Peu avant sa sortie, il favorise sa descente et une rotation de sa tête afin de la « porter » sur le périnée, alors que le muscle releveur de l'anus, encore appelé diaphragme pelvien, a permis à l'enfant de glisser sur ses fibres comme sur un toboggan. Tout au long de l'évolution de l'espèce humaine, l'élargissement du bassin, qui s'est effectué en même temps que l'augmentation du volume du cerveau et du crâne, a trouvé ses limites, si bien que l'accouchement persiste à être problématique en raison des disproportions fœto-maternelles. La position érigée, qui a nécessité de nombreux verrous pour éviter la chute et donc l'extériorisation prématurée du bébé, est responsable en grande partie des difficultés que rencontre l'enfant lors de sa naissance. Ces déverrouillages seront facilités par l'haptonomie et les différentes positions d'accouchement proposées.

Le deuxième verrou est constitué par l'utérus, muscle creux, mais strié et très puissant, d'environ sept centimètres, de la taille d'une mandarine, alors que, en fin de grossesse, il mesure trente-cinq à quarante centimètres, dépassant la taille d'un ballon de rugby ! Les pères ont du mal à imaginer qu'un petit muscle de quelques dizaines de grammes puisse atteindre plus d'un kilo et demi et, d'une manière générale, ils sont fascinés par les capacités du corps utérin, du ventre, du vagin, de la poitrine, à s'épanouir, puis à se distendre. La hauteur utérine, que nous mesurons à chaque consultation avec un ruban métrique, augmente elle aussi régulièrement, de quatre centimètres par mois. C'est un des moyens de surveillance indirecte de la croissance fœtale. Si l'utérus peut s'étirer parfois au-delà même des quarante centimètres, ses ligaments de soutien ont une structure fibreuse qui peut entraîner parfois des douleurs pelviennes latérales, habituelles pendant la gestation. Expliquer simplement qu'elles viennent de cet étirement suffit à rassurer les deux parents : leur enfant ne risque rien. Par ailleurs, l'utérus est en position dite antéversée (versée en avant) et antéfléchie (fléchie en avant), ce qui aggrave la cambrure vertébrale, cette hyperlordose qui peut entraîner des douleurs lombaires et projeter l'enfant en avant, loin de son axe d'engagement[13]. Le col de l'utérus constitue un véritable verrou de sécurité, un sphincter qui ne s'ouvrira qu'à la fin de la grossesse, grâce aux contractions utérines de plus en plus puissantes : elles font partie du « travail » de l'accouchement, qu'elles annoncent au père.

Le troisième verrou dépend des hormones du placenta qui, en vieillissant, sécrète de moins en moins d'hormones, en particulier de progestérone, *pro-gestatio*. Celle-ci assure la mise au repos de la fibre musculaire utérine et inhibe l'action de l'ocytocine : du grec « *ôkus tokos* », accouchement rapide ! Quand la progestérone diminuera dans le sang, l'ocytocine prendra le relais, déclenchant les contractions utérines et le début du travail.

Le quatrième et dernier verrou, lui, dépend du cerveau, dont on peut dire que moins il sera sollicité, et mieux l'accouchement se passera. Est-ce pour cette raison que les adolescentes, ayant moins d'idées préconçues, accouchent souvent plus facilement que les femmes intellectuellement plus mûres ? Est-ce la connaissance des risques, la médiatisation des complications possibles qui augmentent l'appréhension naturelle liée à cet événement ? La vue de films présentant des accouchements qui se déroulent paisiblement, la préparation à l'aide de la sophrologie musicale ou des sages-femmes chantantes ont de toute évidence une influence heureuse et sécurisante sur le cerveau. Verlaine, dans son *Art poétique*, n'avait-il pas écrit : « De la musique avant toute chose ! », et Nietzsche n'affirmait-il pas que « sans la musique, la vie serait une erreur » ? La magie des berceuses, c'est maintenant que vous la préparez, dans l'enchantement du sixième mois qui arrive…

6

Sixième rencontre

« Je voudrais un mari, docile et sans reproche,
qui aille dans ma poche,
un vrai petit mari !
Je le voudrais petit, mignon et bien gentil,
et qui ne grogne pas surtout, comme papa ! »
Chanson enfantine.

Tout un programme dans les chansons des petites filles qui confondent mari et papa ! Mais comment ce père pourrait-il entrer dans une poche – et laquelle ? – alors qu'il grossit de plus en plus… et pourquoi ? L'embonpoint, ce signifiant de la couvade, doit être aujourd'hui interrogé bien au-delà des mythes et des rituels qui se rattachent à ce phénomène propre à d'autres cultures que la nôtre, si enrichissants soient-ils[1]. Dans la subsistance de notre mythe unaire, lorsque le père a cru que mère et enfant ne font qu'un, il n'a pu que s'identifier à cette femme qui grossit, n'imaginant pas que c'est l'enfant qui grossit en elle. Il s'en approprie alors les symptômes, mais, pour l'analyste, les symptômes doivent être entendus à l'écoute de l'individu, bien au-delà de l'imprégnation culturelle.

Le corps du père avant la naissance

Du corps du père, pendant le temps de la grossesse, il n'y aurait, en principe, rien à dire puisque l'enfant n'y séjourne pas, mais en ce qui concerne son poids, c'est bien clair : bon nombre de ces pères voient leur poids augmenter de deux ou trois kilos. Leur ceinture recule d'un cran, parfois plus, mais ils ne veulent pas s'en rendre compte : ce n'est pas dans leur corps… et cependant ce mal au ventre, aux dents, à la tête, ces gastralgies, ces migraines semblent bien liés à la grossesse de leur compagne. Tout le monde accepte qu'une femme enceinte souffre d'un certain nombre de symptômes : vomissements, nausées, cystite, constipation, troubles du sommeil – il faut lire les descriptions des manuels qui suggèrent la gamme des symptômes comme indispensables au déroulement normal de la grossesse. Notre culture veut ignorer ce qui se passe dans le corps de l'homme pour ne parler que du corps de la femme, puisque c'est là que l'enfant se développe. Qu'il soit *déjà* dans la tête, le cœur, et les projets du père, on n'y attache aucune importance : la logique exigerait qu'il ne ressente rien dans son corps.

La logique affective, elle, observée chaque jour, nous montre que les pères sont infiniment plus affectés qu'on ne veut bien le dire. Ils s'étonnent, ils ont honte de leurs symptômes. On ne veut parler que du désir des petites filles qui aimeraient avoir un bébé dans leur ventre, et bien souvent avoir ce qu'elles n'ont pas, c'est-à-dire ce dont les garçons sont munis. Mais jamais on ne parle du désir des petits garçons « amoureux » de leur mère, voulant tout faire comme elle, y compris « avoir un bébé dans leur ventre », ou souhaitant se substituer au père pour lui en faire un, tel ce petit garçon, Gabriel, dont nous avons déjà parlé (voir p. 50).

La prise de poids ne résume pas la couvade, tant s'en faut : douleurs appendiculaires, ulcère gastrique, coliques néphrétiques, hépatiques, angoisses, insomnies... la liste serait longue des symptômes rencontrés chez ces pères, ou même chez les grands-pères· Ces symptômes qui les font souffrir, dont ils se plaignent, qui ne sont pas indispensables à l'exercice serein de la paternité, doit-on s'en étonner, s'en angoisser, ou les considérer comme dénués d'importance ? Quand l'appendicite est devenue péritonite, « colique du miserere », quand les accidents de voiture, les entorses se répètent, croit-on, fortuitement, il faut pourtant l'entendre ! Parfois, le père fait preuve de pusillanimité devant l'inconnu, il s'inquiète de l'avenir, se demande s'il a eu raison d'ajouter un nouvel être à ce monde de pollution, de conflits, dans un troisième millénaire particulièrement insécurisant. Les pères, eux aussi, peuvent craindre les retards de développement, les malformations, et les incidents dramatiques au moment de l'accouchement. Quant à leurs cauchemars, ils réveillent la problématique des conflits œdipiens, ceux de leur attachement à la mère, ceux de la rivalité avec le père... Les mythes ancestraux nous éclairent : c'est la déesse Gaïa, mère de Kronos, qui lui donne la faucille lui permettant de châtrer son père Ouranos, qui l'empêchait de sortir du ventre maternel. Dépassons ces mythes : certes, quand les fils deviennent pères, ils changent le statut de leur père devenu grand-père, mais ils n'usurpent pas la place de celui-ci. Ils prennent « leur » place de père.

Dans un roman de René de Obaldia, *La Passion d'Émile*[2], un homme terrorisé surveille l'augmentation du ventre de son épouse : « Chaque nuit, le ventre – mais était-ce réellement un ventre ? – le poussait un peu plus contre le mur. Il suffisait d'un rapide calcul pour s'assurer qu'un matin on le surprendrait, mari trop complaisant, aplati sur le papier à fleurs, tel un moustique ». Pauvre Émile qui n'imaginait pas d'autre fin. Avec le moustique apparaît, culpabilisée, l'idée que ce ventre peut être piqué, crevé... Le ballon peut éclater comme une baudruche ou comme une bombe ! Obaldia ajoute même : « Certains soirs, il aurait volontiers tiré des coups de feu sur cette cible palpitante. Alors se déclencherait une musique de foire, cependant qu'au visage lui sauteraient joyeusement de menus objets, tels que nougat, poupées russes, sucette, lampe de poche, berlingots [...] Angélique était à mille lieux d'imaginer les pensées de son époux. »

On ne s'étonnait plus quand un homme s'est rêvé accouchant d'un enfant. Si les pères se gardent bien d'étaler leurs « mauvais rêves », ils acceptent parfois de penser qu'ils revivent de vieilles jalousies d'enfance, des souhaits de mort refoulés, des angoisses archaïques datant de leur vie intra-utérine et de leur propre naissance.

Écoutons-les.

À l'écoute des rêves

Un homme rêve qu'il doit passer à travers un tunnel étroit, ramper difficilement, et ce rêve spéléologique est accompagné d'une légère inquiétude concernant la sortie. Il évoque ce que sa mère lui a dit de sa naissance difficile, et de la rupture de la poche des eaux plusieurs jours avant l'accouchement : « accouchement sec, particulièrement long, circulaire autour du cou, et réanimation ». Mais pourquoi cette angoisse apparaît-elle au sixième mois de la grossesse de sa femme ? Il nous racontera ce qui s'était passé au sixième mois de vie fœtale : son père était parti faire son service militaire, et sa mère avait peur pour lui, car il pouvait être envoyé en Algérie.

Fallait-il minimiser les symptômes en les qualifiant, un peu rapidement, de « psychosomatiques », ou convenait-il de prendre au sérieux ce qui, manifestement, faisait réapparaître un vécu traumatisant ? Allongé sur le divan, il posa, à mon invitation, ses pieds froids dans mes mains ; ses orteils étaient figés, immobiles comme s'ils avaient été coincés dans la chaussure. Après avoir pianoté avec ses orteils sur mes mains, il se coucha latéralement, jambes repliées, et ses pieds vinrent prendre appui sur mon ventre. Il sentit qu'il pouvait me mobiliser, me bercer, puisque j'étais assis près de lui, disponible. Mais si je m'immobilisais, si j'étais rigide, il ne pouvait plus que pousser sur moi avec ses pieds, et le résultat était un mouvement de glissement en arrière, comme s'il se faisait naître. Il pouvait sentir la force qui montait de ses pieds jusqu'à la base de sa colonne vertébrale, ressentir le mouvement de la naissance, qui part de cette base jusqu'à la tête, celui de l'enfant qui se fait naître en se poussant activement dans l'existence. Lui faisant vivre le mouvement de flexion/déflexion de la tête – qui assure l'ouverture des poumons et la première respiration à l'air libre – nous avons permis à cet homme de modifier le vécu de sa naissance. Comment peut-on encore parler d'« *expulsion* », ce terme qui évoque le fait d'être rejeté, chassé, mis dehors brutalement, condamné à quitter les lieux, alors que ce passage peut se faire dans l'apaisement ? Dans son cas, comme dans bien d'autres, l'angoisse d'un homme devenant père n'est pas seulement le vécu de sa propre naissance, c'est celui du calvaire décrit par sa mère lors de sa mise au monde. Si on peut le libérer de cette angoisse induite par sa mère, il se sécurise et peut s'occuper de sa femme et de son enfant.

Écoutons un autre homme qui avait rêvé qu'il accouchait, se réveillant tout endolori : « J'ai mis un certain temps à me rendre compte que cette douleur qui me prenait le ventre et revenait régulièrement ne pouvait me faire mourir : elle correspondait à des contractions, certes douloureuses, mais comme je n'ai pas d'utérus, ce n'était qu'un rêve. Peut-être l'utérus de ma mère me faisait-il encore souffrir ? »

La difficulté, parfois même le drame, pour certains pères de ne pouvoir assister à la naissance de leur enfant vient peut-être de cette mémoire enfouie, qui émerge dans le rêve, réveille le vécu de la naissance, l'accouchement de la mère, la vision interdite de son sexe. Tous ceux ou celles qui assistent et participent affectivement à une naissance le disent : elle réactive des émois, parfois des traumatismes apparemment oubliés, une gêne, une pudeur, et pour le père un sentiment d'impuissance et de culpabilité.

Pour les professionnels s'y ajoutent un sentiment de responsabilité et une anxiété dont ils doivent se défendre – le père restant alors à l'écart, rassuré, voire respectueux de leur technicité et de leurs compétences. Il les voit agir, prêts à faire face à toutes les complications : déclenchement, perfusion, rupture de la poche des eaux, médication, épisiotomie, ventouse, forceps, césarienne, aspiration systématique. Les techniques apprises sont au point, trop parfois lorsqu'elles servent de prétexte à des interventions évitables, variables d'une équipe ou d'un pays à l'autre. Toutes les nuits, le mari d'une femme enceinte faisait le même cauchemar : un lion le poursuivait, et il courait pour échapper à ses griffes. La nuit où sa femme accoucha loin de lui, il rêva que c'était lui qui poursuivait le lion : avec cette naissance, le sens de la poursuite s'était inversé, l'angoisse avait disparu quand il avait accédé à un autre statut.

Dépressions ou délires ? Le père fragile

Si le *baby blues*, la dépression, voire les psychoses puerpérales et même pré-puerpérales, des mères, sont bien connues, il n'en est pas de même pour les pères. Ils sont pourtant plus nombreux qu'on ne le croit à souffrir de décompensation, de déprimes, de délires, de paniques. Quand l'angoisse culmine, la psychose éclate. Dans *La Passion d'Émile*, René de Obaldia décrit un père fou d'angoisse. Les psychiatres signalent des délires de grossesse, tels ces zoopathies où l'homme, fécondé par la bouche, affirme qu'il porte dans son ventre des petits, animaux ou humains, des races d'hommes nouveaux venus pour régénérer la terre. Dans *Le conte d'hiver* de Shakespeare, un roi devient fou de jalousie quand sa femme est enceinte. Si les poètes savent ouvrir les yeux avec une grande finesse sur la réalité des souffrances humaines, l'étude du vécu des paternités délirantes semble abandonnée aux médias et aux humoristes qui ne se privent pas de tourner les affres du père en dérision. « C'est évidemment le père qui a le plus souffert ! », dit-on parfois après la naissance avec un certain sourire. Dans un film consacré à la description de la pathologie paternelle, *Neuf mois*, les réalisateurs, qui ont lu attentivement *Le père-acte de naissance*, se livrent à la moquerie systématique de la couvade et de ce que peut vivre un homme à ce moment parfois dramatique pour lui.

Depuis que les analystes ont publié des histoires de patients pour explorer le refoulé de notre civilisation, l'idée fait son chemin que les identifications précoces à la mère vécues dans la petite enfance, « oubliées » depuis, ont des effets ultérieurement. Mais les pères bénéficient-ils de cette avancée de nos connaissances ? L'un d'entre eux affirmait son contentement : « Quel bonheur ! Nous attendons un enfant », mais ses nuits étaient pourtant troublées de cauchemars violents où l'enfant passait par la fenêtre, tombant précisément des bras d'un homme. Tel autre multipliait des pertes de papiers d'identité, de clefs, tandis qu'un autre en était à son deuxième accident…

Les pères ne doivent pas s'étonner des difficultés qu'ils traversent, mais consulter un psychiatre pour obtenir des médicaments – calmants le soir, stimulants le matin – ne délivre pas des fantasmes archaïques et des traumatismes qu'on croyait dépassés. Se lancent dans l'aventure de la maternité et de la paternité des femmes et des hommes qui souvent ne sont pas au clair avec leur naissance. Comment les libérer des affects qui ont marqué leur vie prénatale, leur naissance et les premières semaines de leur vie, avant d'affronter la mise au monde de leurs propres enfants ?

Il serait pourtant important d'anticiper et de mettre au point une prévention de la violence de ces affects archaïques :

trop de restrictions de crédits pèsent actuellement sur les réseaux de la Petite enfance, bloquant un travail à domicile indispensable ou l'accès à des consultations prénatales spécialisées. Les décideurs politiques et administratifs se disent convaincus de l'impact de la transmission trans- et intergénérationnelle de la maltraitance parentale, mais ils n'en tirent pas les conclusions qui s'imposent. L'enseignement de l'amnésie infantile et de l'inconscient n'est toujours pas au programme de l'ENA, des facultés de médecine, ou des formations des soignants qui animeront les groupes de préparation à l'accouchement et à la naissance : comment pourraient-ils repérer et comprendre les effets archaïques de l'histoire refoulée de tout un chacun, à l'écoute des souffrances qui émergent dans le quotidien de leurs pratiques ? Il faudrait leur permettre d'accomplir un travail sur eux-mêmes, et ceux qui nous dirigent plus que tout autre, pour qu'ils puissent inventer, innover en ce domaine, comme en témoignent déjà quelques équipes malheureusement trop isolées. Pourquoi ne sont-ils pas simplement à l'écoute de l'enfant, les invitant à travailler ces vécus refoulés qui ne cessent d'handicaper l'humanisation de nos politiques de Santé ? Au cœur de celles-ci, ou à leur chevet, l'enfant se révélerait ainsi l'*analyste* de notre civilisation, porteur de réponses évidentes qui ne semblent toujours pas pouvoir être entendues.

Père tout-puissant ?

L'écoute des rêves et des symptômes du père nous a montré sa fragilité dans les premiers mois de la vie de son enfant. Qu'en est-il alors de la fierté, de la toute-puissance et de la supériorité qu'on lui attribue traditionnellement quand l'annonce de cette grossesse le confirme, à ses yeux et aux yeux de tous, dans sa virilité et sa fécondité ? Elles nous interrogent indirectement sur ce qu'il en est de la masculinité et de la féminité, car ces concepts recouvrent une réalité qui ne va pas de soi.

Cette répartition des valeurs féminines et masculines, qui reposent sur des fantasmes ou des mythes profondément inscrits dans notre culture, pouvons-nous l'abandonner ? Elle place l'enfant du côté de la mère, lui donnant valeur phallique : avoir ou ne pas en avoir. L'homme, naturellement, ne porte pas d'enfant dans son corps ; il s'occupera donc de la parole, de la culture, et des fruits de la sublimation. Compensation ? Il ne faut surtout pas le dire : ils sont si fiers des enfants qui sortent de leur tête, comme Athéna, si dévouée à son père, déesse de la victoire. Quand une petite fille pleure parce qu'elle n'a pas de « quéquette » comme les garçons, on la console en lui disant : « Mais toi, plus tard, tu auras des enfants, et une poitrine pour les nourrir ! » En toute bonne foi, on la fait glisser sur cette équivalence enfant/pénis, sans s'étonner des effets nocifs de cette consolation : elle est amenée à penser que, plus tard, l'enfant qu'elle portera ne sera que le prolongement de son corps, ne faisant qu'un avec elle. Et voilà qu'elle se sexualise, à partir de l'enfant qu'elle porte et de ce mythe unaire, sous le signe symbolique d'un pénis glorifié dans sa splendeur phallique. Ithyphallique même, c'est-à-dire toujours droit et érigé comme le bâton du dieu de la fécondité, ce *Baal* sumérien à l'origine du mot *phallus*. On confond encore trop souvent le pénis en tant qu'organe et le phallus en tant que symbole du pouvoir créateur et de la toute-puissance qui n'appartiennent ni à l'homme seul, ni à la femme seule, mais aux deux, au couple fécond, à toute rencontre créatrice qui porte fruit, étant un « plus de vie ». L'homme n'est pas plus que la femme propriétaire du phallus, mais certains mythes parmi les plus proches de notre culture voudraient l'attribuer à l'un plus qu'à l'autre, plaçant le plus souvent l'homme du côté de l'esprit, la femme du côté de la matière, ou, pire, qu'ils ne fassent qu'un. Citons ici Lacan : « Dans la psychanalyse (parce qu'aussi bien dans l'inconscient), l'homme, de la femme, ne sait rien, ni la femme de l'homme. Au phallus se résume le point de mythe où le sexuel se fait passion du signifiant ». Et plus loin, il nous explique qu'« il n'y a pas de rapport sexuel chez l'être parlant », l'homme et la femme n'étant pas « une seule et même chair ». Et si de cette rencontre peut naître un enfant, les parents ne feront jamais une totalité pour autant.

Aristote, élève de Platon, dans son *Traité de la génération des animaux*, attribuait au père un rôle actif qui, par la semence, apportait l'idée, le principe efficient. Il l'opposait au rôle passif de la mère qui fournissait le sang et la matière. « Dépourvue de semence, la femme est un être imparfait. » Comme il était préférable que le meilleur soit séparé du moins bon, le mâle, considéré comme esprit divin supérieur, fut séparé de la femelle : serait-ce l'origine de la séparation des sexes dans notre civilisation ? Le discours philosophique s'enracinerait-il dans une misogynie fondamentale, répandue dans toute la Méditerranée, ou faut-il puiser bien avant, dans le discours religieux qui fait naître la femme d'une côte d'Adam et qui instaure ainsi un « Dieu-Père » tout puissant ? « La femme a-t-elle une âme ? », se demandaient les théologiens du Moyen Âge pour qui, le corps s'opposant à l'âme, la matière à l'esprit, tout concourait à maintenir l'éternelle répartition du féminin et du masculin.

Avec Copernic et son *De revolutionibus orbium caelestium* qui ne plaçait plus la Terre au centre de l'univers, la faisant tourner autour du Soleil et non l'inverse, un changement radical de notre conception de la Création s'imposait. Avec Kepler, une structure géométrique elliptique, à double foyer, s'ajoute au foyer solaire, incluant un foyer *virtuel*, plein de force : cette révolution des orbes et des astres préfigurait-elle la révolution des hommes au siècle des Lumières ? La métaphore peut éclairer notre compréhension de la parentalité en ce début du XXIe siècle, où le Père n'est plus le prolongement de la toute-puissance divine incarnée par le Roi, Soleil ou *Pater Familias* : il est devenu, avec la mère, un des deux centres de cette géométrie elliptique parentale, où à tour de rôle père et mère occuperont pour l'enfant le foyer vide et le foyer plein, jamais l'un sans l'autre.

Si nous ne dénonçons pas ici ce mythe d'un père tout-puissant, auquel aucun homme ne peut s'identifier sans risquer l'équilibre de la mère et de l'enfant, nous passerons à côté de toute possibilité de véritable épanouissement, nous ne pourrons « trinifier », dans leur différence, la place de chacun. Aucune révolution, féministe, technique, culturelle, si justifiée soit-elle, ne peut contourner la nécessité de cette nouvelle dynamique, dont la compréhension innovante reste encore à développer, car qui peut nous dire comment doivent se comporter affectivement un homme, une femme, un père, une mère, loin de toutes considérations biologiques, loin des arbitraires sociaux, des mythes ou des récits sacrés ?

Enfin, l'émergence du « paternage »

En ce début de siècle où l'évolution de notre civilisation est venue interroger la notion d'*instinct* paternel et maternel, il n'est plus aussi simple de donner une définition du père et de la mère. La liste est longue de tous les facteurs en cause, sociologiques et historiques, qui ont modifié la place de la femme dans la société, ses conditions de procréation, son rôle de mère dans le couple. La place de l'homme et du père s'en est trouvée elle-même considérablement transformée.

L'homme n'a plus la maîtrise de la fécondation et n'est plus le seul détenteur de l'autorité. « Coresponsable », dit la loi. À l'extrême de cette évolution, les techniques scientifiques de fécondation *in vitro* n'en font que des géniteurs anonymes. En excluant toute reconnaissance de paternité et de transmission du nom, le don de sperme, qui évoque le don du sang, vient interroger nos conceptions de la paternité, et donc de la maternité, dans une civilisation en pleine évolution quant aux valeurs actives et passives, masculines et féminines. Le père pourra-t-il se réduire à n'être plus qu'une simple piqûre d'aiguille sur un ovule, permettant à la cellule de se diviser pour se reproduire ?

On demande au père de se lever la nuit pour donner le biberon ou changer l'enfant, mais il ne sera plus qu'un intrus pour peu qu'un divorce survienne – divorces de plus en plus nombreux et surtout de plus en plus précoces dans la vie de l'enfant, devenu l'objet pour la possession duquel on se déchire, sans songer à son intérêt.

Pourquoi, dans toutes les cultures, l'imaginaire répartit des valeurs sexuelles qui ne reposent que sur les affirmations sans fondement des mythes et des récits religieux ? Le mythe pense par opposition, de façon binaire : le noir s'oppose au blanc, le chaud au froid, le sec à l'humide, le plus haut au plus bas. La réalité des différences physiques entre hommes et femmes alimente la croyance que tout homme est fort, et donc que toute femme est faible. Les petites filles peuvent pleurer, mais pas les garçons. Un homme viril est dans le registre du sec, la femme de l'humide. La dominance reste du côté des mâles dans bien des domaines, jusque dans le vocabulaire de la Déclaration des droits de l'Homme, ou dans celui de la famille qui privilégie le fait d'être frères et oublie qu'il y a des sœurs : « sororité » n'est jamais employée. Et, dans la grammaire, la présence d'un seul élément mâle l'emporte sur la multitude féminine. On ne doit pas s'étonner dans ce cas si, lorsqu'un père s'occupe de son enfant, on parle encore d'un comportement *maternel :* le « maternel » est même conceptualisé en tant que tel, considéré du point de vue des besoins de l'enfant indépendamment du masculin et du féminin, du père ou de la mère.

Même le liquide amniotique dans lequel flotte l'enfant *in utero* est abusivement maternisé et féminisé : nous avons vu que le génome paternel contribue à sa création. Qu'en était-il de la place de Joseph face à la figure de la Vierge Marie ? L'Immaculée Conception s'enracine certes dans des mythes bien antérieurs, mais elle n'en reste pas moins d'une influence insidieuse dans notre culture. De même, nous l'avons vu, si la barrière placentaire continue d'être négligée, on maintient cette idée que l'enfant fait partie de la mère, qu'il en est le prolongement vivant, ne faisant qu'un avec elle. L'accouchement ne peut donc devenir qu'un arrachement douloureux, associé à la perte d'une partie de soi, comme pour prouver que l'enfant et son placenta font partie du corps maternel.

Dans le contexte de cette exclusion du père, les effets nocifs de ce fantasme « unien » ou unaire doivent être reconnus, ne serait-ce que pour aller à l'encontre de la souffrance de l'accouchement, dite inéluctable et commandée par la nature ou la divinité. On lève ainsi le déni de la fonction du placenta et de la subjectivité de l'enfant dont on en était venu à affirmer l'insensibilité néo-natale à la douleur[3], en pensant qu'il était sourd et aveugle. En faisant obstacle au fantasme unaire mère/enfant, le père rejoint toutes les connaissances qui ont révolutionné les représentations non seulement du nouveau-né, mais de la vie intra-utérine : son enfant entend, il ressent, il inter-réagit ! Les nouvelles générations d'obstétriciens, de sages-femmes, de néonatologues l'ont compris. Le paternage, tel que nous le concevons dans sa fonction ternarisante et sa spécificité, y a participé et y participera de plus en plus.

Il est grand temps ! De toute part, nous voyons s'afficher sur les murs de nos hôpitaux, à l'ouverture de nouveaux services flambant neufs, inaugurés en grande pompe, des intitulés qui en disent long sur les représentations qu'ont nos gouvernements et nos administrations, de la périnatalité et de la parentalité : « Hôpital mère-enfant », « Unité » ou « Pôle mère-enfant », les PME ! Certes, avons-nous écrit : « *On ne change pas, simplement, par des mots, les humains*[4] », mais engageons enfin le débat sur cette évacuation encore prégnante du père comme du nouveau-né, qui, rappelons-le, n'a toujours pas de place comptable – donc rentable ! – dans nos maternités.

Que nous dit ce petit passager clandestin quand il est « déjà » accueilli, bien avant sa naissance ?

Sixième rencontre avec l'obstétricien

Tout va bien : les résultats de l'échographie morphologique sont rassurants. Il reste à confirmer que l'état clinique de la mère et de l'enfant est satisfaisant et compatible avec une activité professionnelle ou domestique ; il ne faut pas oublier que la gestion de la maison et des enfants, s'il y en a déjà, demande une énergie parfois supérieure à une activité professionnelle.

La consultation du sixième mois : le calme plat !

Il faut aussi vérifier la tension artérielle, surveiller l'apparition d'éventuels œdèmes des membres inférieurs, contrôler l'état du col utérin, et interroger sur la bonne perception des mouvements de l'enfant dans le giron.

Un coup d'œil à l'échographie est toujours un moment de plaisir pour les parents et le père qui, répétons-le, n'a pas les mêmes sensations que la mère, est toujours très désireux de voir l'enfant bouger. L'image échographique est de plus en plus nette et donc facile à interpréter pour les parents. « Regarde ses petits pieds, chérie, et sa main avec son pouce ! Il tète ! » « Dites-nous docteur ! A-t-il tous ses doigts ? » et l'étonnement est communicatif !

Même s'ils ont eu l'échographie morphologique peu de temps auparavant, c'est toujours le même enthousiasme et le même plaisir. Si le père pouvait emporter l'échographe à la maison, il le ferait volontiers. Il n'est pas rare d'entendre : « Combien coûte cet appareil, docteur ? » Quand le téléphone sonne pendant l'examen, je laisse la sonde échographique au père pendant quelques minutes et il est heureux de pouvoir la manipuler, d'arriver à voir son bébé, et fier de le montrer lui-même à la mère. Ce sont des moments rares qu'il faut privilégier, mais sans excès, car la place de chacun est bien spécifique.

C'est aussi le moment de prescrire les examens de laboratoires nécessaires au sixième mois, de donner quelques conseils alimentaires, de s'intéresser au rythme de travail, aux activités sportives ou ludiques, etc. Car, si la grossesse n'est pas une maladie, ce n'est pas une raison pour ne pas respecter certaines limites : restreindre fortement le tabac si l'arrêt en est impossible, interdire les lieux enfumés et trop bruyants, expliquer que l'enfant entend tout, c'est-à-dire qu'il n'est pas nécessaire de parasiter son audition, qu'il est bon de lui faire écouter de la musique dans de bonnes conditions. C'est aussi le moment de lui parler et d'échanger avec lui. L'haptonomie sera d'une aide efficace si la guidance a commencé avant le sixième mois.

La quatrième séance d'haptonomie : le père est devenu papa !

On contrôle que tout va bien pour la mère et le père, et que l'enfant répond à l'approche affectivo-confirmante de ses parents. La grossesse avance. Il faut éviter la cambrure, donc recentrer le bassin et le bébé dans le giron. L'initiation aux bercements est revue : le père, assis face à sa femme, la berce dans sa main posée sous le sacrum, il berce mère et enfant doucement, en chantant pour « fœtaliser » cette berceuse qui, après la naissance, n'en aura que plus d'impact. Cette mise en chanson est importante, car le couple s'ouvre à l'enfant, dans un vrai moment de bonheur. D'autres bercements peuvent être envisagés, comme l'étirement des chevilles de la mère par le père ou le modelage des jambes et des pieds, avec jeux des orteils. Le modelage est une façon de faire sentir la tendresse au niveau de certaines parties du corps, et dans le cas particulier des membres inférieurs, par un contact haptonomique spécifique, approprié, agréable et confirmant. L'enroulement est une position que prendra la mère au moment de l'accouchement pour faire naître son enfant : il s'agit de se placer en position fœtale, le dos bien arrondi afin de faciliter le passage du bébé à travers le bassin.

On peut alors passer à l'invitation interactive avec l'enfant, qui prend à son tour l'initiative en jouant avec ses parents ! L'approche haptonomique avec les mains du thérapeute tout d'abord, puis des parents, entraîne une réponse de l'enfant dans le giron de sa mère ; il va se lover contre les mains de l'approchant. Il suffit ensuite aux parents de parler, chanter, jouer, échanger avec cet enfant. Ce dernier répondra pendant un temps court, de l'ordre de quelques minutes, puis il s'arrêtera si l'exercice le fatigue, mais il sera, le lendemain, à son rendez-vous d'amour avec ses parents,

L'introduction de gros ballons, que nous trouvons aujourd'hui dans de nombreuses maternités, agissant comme trampolines, amortissant la contraction utérine, soulage le dos de la mère, facilite la sensation de bercement pendant la grossesse et réduit les perceptions douloureuses.

Beaucoup de choses se sont passées dans ces dernières séances : le père, à notre invitation, s'est introduit dans la relation affective et l'enfant lui a répondu. Le père est devenu « papa » et la mère en parle à son enfant : « Ton papa », respectant *déjà* l'usage de l'adjectif possessif. Mon-ton-son : ne pas confondre le tien et le mien !

Il est parfois nécessaire d'intervenir au cours de cette séance pour soulager une lombalgie, une malposition du dos ou encore remettre le bébé confortablement en place dans le giron afin d'éviter des contractions utérines et surtout des traitements inutiles. Il s'agit de calmer un utérus contractile en en déterminant la cause ; la corrélation de l'obstétrique et de l'haptonomie permet de répondre à ce type de demandes, parfois même non exprimées par les parents. Être à l'écoute est primordial.

Se préparer à la naissance : contractions utérines… ou douleurs ?

En ce sixième mois, la question de la douleur de l'accouchement passe au premier plan. Il s'agit toujours de répondre aux questions des parents en informant le mieux possible, car la connaissance supprime en partie la peur et les angoisses de l'inconnu. N'oublions pas notre obligation légale d'information : « Le médecin doit à la personne qu'il examine, qu'il soigne ou qu'il conseille, une information loyale, claire et appropriée sur son état, les investigations et les soins qu'il lui propose », et l'obstétrique ne fait pas exception à ce préambule de l'article 35 du code de déontologie médicale !

La douleur est un des points culminants de la préparation à la naissance. Le précepte biblique, « Tu enfanteras dans les douleurs » ou « dans la peine », persiste dans les esprits, comme une sorte de dogme peu remis en question, alors que la traduction littérale serait plutôt : « Tu accoucheras dans l'effort. » Pour expier le péché originel ou celui d'avoir fait souffrir sa mère au moment de la naissance, il faudrait souffrir à son tour et considérer l'anesthésie péridurale comme une anesthésie de confort ! Aucun soignant n'imagine plus de nos jours que la douleur soit rédemptrice, et les femmes n'acceptent plus de souffrir inutilement. La force des contractions utérines au moment du travail peut effrayer certains pères qui, impuissants à les maîtriser, se culpabilisent et réclament une anesthésie péridurale. Leur place en salle de naissance peut devenir problématique quand leur femme est confrontée à des contractions violentes, et il est vrai que l'anesthésie péridurale, en apaisant la mère, les a beaucoup aidés à rester près d'elle, en existant comme conjoint et déjà père en salle de travail.

Si les contractions utérines sont si fortes et si puissantes, c'est pour s'opposer à la résistance des différents verrous, avant l'accouchement : la contraction de tout organe creux comme l'utérus permet d'ouvrir le sphincter sous-jacent et d'en faire sortir le contenu. Cependant, la naissance du petit d'homme ne se pose pas qu'en termes de mécanique : nous sommes des êtres capables de parler, soumis aux lois de la parole, de l'inconscient et de ses signifiants. « Science sans conscience n'est que ruine de l'âme », affirmait Rabelais. Que dire d'une science sans inconscient, sans émotions ? Ici aussi, le travail haptonomique joue un rôle important, relevant le seuil de la douleur.

D'où la nécessité de cette présence d'un compagnon confiant, au contact apaisant, qui permette de se prolonger en lui, pour être, avec lui, dans une sécurité que la force des contractions ne peut ébranler. Au début du travail, si la mère marche dans la rue et qu'une contraction apparaît, elle s'immobilise... et le père a compris : il se place derrière elle, synchronise son souffle à celui de sa femme, et elle se prolonge en lui, chantonnant pour l'enfant sa berceuse. La contraction disparaît comme par enchantement, et ils reprennent leur marche vers la maternité, main dans la main.

Au cours des séances du sixième mois, on évoque ces contractions utérines du travail de l'accouchement, plus fortes qu'en fin de grossesse : elles permettent à l'enfant de se placer dans l'utérus pour descendre dans la cavité pelvienne, surtout chez une primipare, et s'y engager. Connaître le rôle de ces contractions de début de travail rassure les parents dont la sensibilité pourrait être aggravée par l'anxiété. Pourtant, même avec ces explications précoces, lorsque l'on se trouve proche du terme, certains pères s'inquiètent de ce que nous appelons un « faux travail » et amènent en urgence leurs épouses à la maternité. Rassurés à nouveau, tous les trois s'en retournent souvent à la maison, lorsque nous leur rappelons que les contractions utérines du travail de l'accouchement sont nettement différentes, plus prolongées, plus rapprochées, et qu'ils ne pourront pas s'y tromper. L'accouchement n'arrivera pas dans le quart d'heure qui suit le début du travail, et ils auront le temps de se préparer et de venir tranquillement à la maternité.

En attendant, la question de ce qui déclenche l'accouchement reste fondamentale, surtout pour les pères qui craignent de se trouver pris de court et d'être confrontés à un accouchement à la maison ou dans la voiture.

Se préparer à la naissance : le « travail » de l'accouchement

Il est important de rassurer et d'expliquer le déclenchement de l'accouchement. Le bébé *in utero* en fin de grossesse est dans des conditions privilégiées et adéquates : les poumons sont au repos, l'appareil digestif en activité réduite, le cœur fonctionne bien. La température, semblable à celle du corps de la mère, est régulée par le sang et la fonction placentaire qui gère les échanges métaboliques.

Entre trente-huit et quarante et une semaines d'aménorrhée, au neuvième mois, l'enfant arrivera à maturité : le placenta a vieilli et les sécrétions hormonales ont tendance à diminuer, mais le facteur le plus important pour déclencher un accouchement, et ce à n'importe quel moment de la grossesse, semble être le taux élevé des prostaglandines dans le liquide amniotique et l'utérus. Certes, de nombreux autres facteurs entrent en jeu : œstrogènes, progestérone, récepteurs hormonaux, hormones surrénaliennes maternelles et fœtales, distension utérine, rupture des membranes, etc. Tous ces facteurs avec, en final, la sécrétion d'ocytocine[5] vont permettre de déclencher des contractions utérines à intervalles de plus en plus rapprochés et d'intensité de plus en plus forte. Accompagnées ou non de la rupture spontanée de la poche des eaux, elles aboutissent à ce que nous appelons « le travail » de l'accouchement : la dilatation complète du col, la descente dans le bassin et à la mise au monde. Au-delà de quarante et une semaine d'aménorrhée, la grossesse, dite prolongée, nécessite un contrôle du rythme cardiaque fœtal quotidien, et un déclenchement artificiel du travail peut être indiqué pour éviter une post-maturité mettant en danger l'enfant.

Le père aura été sensibilisé, dès le sixième mois, au rythme particulier des contractions utérines : il sait qu'en fin de dilatation elles se rapprochent, deviennent plus fortes et plus longues, mais toujours, heureusement, avec un temps de récupération permettant à la vascularisation de ré-oxygéner le muscle utérin. Sur le plan clinique, cela se traduit par un centrage du col qui n'est plus long et fermé mais qui se raccourcit jusqu'à l'effacement pour parvenir à la dilatation complète. Le col doit se dilater de 0 à 10 cm pour disparaître complètement, l'utérus et le vagin étant dans la continuité et formant un seul canal qu'empruntera l'enfant dans sa descente progressive dans le petit bassin, pour finalement se poser sur le périnée.

Les différentes préparations à la naissance ont pour but, face à la force des contractions, de développer une meilleure maîtrise de soi, car si la péridurale raccourcit considérablement le temps de dilatation du col, il n'en reste pas moins qu'il s'agit souvent d'un moment difficile. Le vécu intensément émotionnel de cette période reste très variable d'une femme à une autre, mais l'haptonomie joue un rôle important grâce à ce contact « affectivo-confirmant » qui sécurise la mère, le père et l'enfant.

La présence du père est donc indispensable : placé derrière la mère allongée en position demi-assise, il la tient dans ses bras, les mains sur le ventre, en contact avec le bébé. La mère se sent aidée, accompagnée : elle n'est plus seule. L'atténuation de l'intensité de la contraction est évidente, ainsi qu'une meilleure efficacité des dernières contractions guidant l'enfant vers la sortie. La mère est enroulée sur elle-même, le dos contre la poitrine du père, et la dilatation, dans de telles conditions affectives, s'en trouve raccourcie. Nul besoin de « pousser » ! À dilatation complète, au grand couronnement, l'enfant peut se glisser dans l'existence, se faire naître activement, en se servant de l'appui de ses pieds, et en fléchissant et défléchissant sa tête, au passage des grandes lèvres distendues. C'est autre chose que de se sentir « expulsé » !

La péridurale

Dans notre pratique, nous ne l'utilisons que si les sensations douloureuses sont trop violentes, des douleurs lombaires pouvant nécessiter une insensibilisation de la partie inférieure du corps, après injection dans l'espace péridural d'un produit anesthésiant ; le but est à la fois de supprimer la douleur et d'accélérer la dilatation. Elle peut se faire tôt, à deux ou trois centimètres de dilatation, mais en général à quatre ou cinq centimètres, afin d'obtenir une dilatation complète deux heures plus tard environ, temps de l'action de l'injection qui peut se renouveler. L'idéal est d'obtenir la dilatation complète lorsque l'action anesthésiante est décroissante, car la poussée se fera mieux si la contraction utérine est bien perçue. L'anesthésiste joue donc un rôle important, par sa disponibilité tout d'abord – ce qui devrait être le cas partout –, mais surtout par son expérience qui lui permet de moduler la quantité de produit injectée en fonction de la patiente, si elle souhaite, par exemple, se promener plutôt que de rester allongée.

Notons au passage que le recours à la péridurale n'est pas un échec de la mère : elle peut vivre cette anesthésie de façon haptonomique, en restant présente avec son bébé et le père du bébé. Très efficace, promue dans notre société, y compris par les médias, comme une nécessité imposée dès l'arrivée à la maternité, la péridurale a balayé presque toutes les techniques de préparation que nous avons eues à connaître avant elle ! Il nous reste en mémoire ces pères déstabilisés et désemparés, hésitant entre aller en salle de travail auprès de leur épouse ou rester en salle d'attente… et manquer la naissance de l'enfant. Ils étaient souvent malmenés, voire rejetés par des mères épuisées, agacées par cette présence désarmée, impuissante.

Aujourd'hui, grâce à la péridurale, le calme est revenu en salle de naissance et les pères sont présents, à quelques rares exceptions près. L'haptonomie n'est pas étrangère à cette participation apaisante des pères. Les patientes peuvent déambuler dans les couloirs du bloc d'accouchement si la péridurale est légère ou si elle n'est pas encore installée. L'utilisation du ballon soulage la violence des contractions par le jeu de l'élasticité et du ballant. Il n'est pas rare d'entendre une mère dire qu'elle a envie d'aller à la selle : le plus souvent, elle est à dilatation complète et l'enfant appuie sur le périnée, ce qui lui donne envie de se soulager. Un bain chaud est parfois proposé pour favoriser la détente musculaire, ce qui facilite la dilatation. Nous avons été aussi amenés à réaliser la mise au monde dans l'eau, et cela se passe toujours très bien.

La période de la dilatation est une phase parfois difficile et longue, chaque parturiente réagissant de façon particulière, en fonction de sa culture, de son éducation, de son caractère, de ses possibilités à maîtriser cette épreuve. La rationalisation d'un tel événement joue un rôle défavorable si elle bloque les relations affectives sécurisantes qui doivent rester au premier plan. Sans bien-traitance, il y a déjà maltraitance[6] !

7

Septième rencontre

« Les parents ne peuvent donner que deux choses à leur enfant : des racines et des ailes. »
Proverbe chinois.

Dernier trimestre : l'enfant est viable, c'est-à-dire que s'il devait naître prématurément, tout en étant encore très fragile, il pourrait vivre. Et dire que tous les professionnels de la *fœtologie* vous parlent encore d'un *fœtus* ! Heureusement, l'inconscient ignore l'orthographe et c'est bien d'une fête dont il s'agit – *fête au logis*, pour ceux qui savent jouer avec les mots[1]. Sa vitesse de croissance va se ralentir, heureusement, car s'il avait poursuivi son rythme initial, il atteindrait, en fin de grossesse, le volume de la terre ! De la taille d'un point sur la page, d'un grain de sable devenu grain de riz, devenant orange, pamplemousse et ballon de rugby, l'enfant a pris du poids et du volume : à la fin du septième mois, il pèse 1 700 grammes et mesure de 38 à 40 cm. Il prend de plus en plus de place et s'étire dans le ventre de sa mère, comme dans votre existence. Vous devenez parents chaque jour un peu plus, vous vous préparez à sa naissance, et c'est la naissance d'une famille[2].

Le futur a « déjà » commencé : naissance d'une famille

C'est étonnant comme ce petit être peut être actif : la chimie nous a montré qu'un catalyseur n'a pas besoin d'être volumineux pour exercer une grande influence. Grain de sable, grain de riz... ou grain de sel qui s'immisce et intervient de plus en plus dans le réel de votre quotidien ? Il apporte cette saveur indicible qui le transforme et en révèle un goût jusque-là ignoré : le sel de la vie !

Ne nous cachons pas ici que dans certaines circonstances difficiles, dans le mystère des transmissions inconscientes et intergénérationnelles qui échappent à la raison, ce grain de sel peut devenir le grain de sable, le « grain de folie » porteur de dépressions parfois insolites, de dénis et de ferments d'étrangeté. Ces troubles particuliers sont bien connus chez les mères dans la période post-natale d'un *baby blues* aggravé, mais on commence seulement à les reconnaître pendant la période prénatale, et ils restent bien ignorés chez le père en dehors de certaines manifestations psychosomatiques et de la couvade. L'écoute des rêves et des cauchemars devrait pourtant nous alerter et nous inciter à les aider dès ce moment, au lieu d'attendre bien plus tard que le malaise de leurs enfants les pousse à consulter. Heureusement, les troubles psychiques de la paternité sont rares sous une forme grave avant la naissance !

De plus en plus présent dans son enveloppe, l'enfant initie en permanence une transformation profonde de votre vie à partir de petits bonheurs, de choses apparemment sans importance aux yeux du monde, mais qui pour vous, tout en douceur, sont essentielles. Vous devenez une famille, petite cellule vivante et paisible dans l'agitation de notre société. En chinois, la famille est représentée par le dessin d'un toit au-dessus d'un cochon, car elle est la plus petite unité de production de déchets indispensables à l'alimentation de cet animal respecté qui, à son tour, les nourrira. Ajoutons que, si certains proverbes chinois nous disent que « les parents ne peuvent donner que deux choses à leurs enfants : des racines et des ailes », d'autres nous le formulent autrement : ce qui donne le plus de bonheur à une maison, ce sont… ses ancêtres et ses enfants !

Cela nous interroge sur la racine étymologique latine de la « *famille* » dans notre culture, racine dérivée de « *famulus* », « l'esclave » ! Souhaitons qu'aucun d'entre vous, parent ou enfant, ne devienne esclave, et qu'il n'y ait dans votre maison ni enfant-roi ni parents-tyrans. Dès maintenant, vous êtes les témoins et les partenaires amusés et enchantés de sa croissance intra-utérine, avec le bonheur de le sentir jouer, danser, et de voir le ventre de sa mère épouser les mouvements de l'enfant quand vos appels se répondent.

Naître à la vie sociale… avant la naissance !

Invités, un soir, chez des amis, vous avez laissé passer le temps avec votre enfant. C'est le début du dîner, mais l'enfant s'agite, réclamant son temps d'amusement et de présence joyeuse. Que faire ? Pourquoi ne pas jouer avec l'enfant et montrer à vos amis comment il prend contact, sollicite votre parole, se servant de ses mains et de ses pieds pour vous appeler ? Vos amis voient comment vous répondez à sa demande de tendresse, comment lui-même répond à l'invitation de monter vers le cœur de sa maman, pour ensuite, descendre vers la main de son papa. Et si la maîtresse de maison n'ose pas poser ses mains pour se présenter à votre enfant, vous l'invitez, en lui faisant sentir la légèreté du contact. Elle a la surprise d'une réponse qui ne peut la laisser indifférente, d'autant plus que son mari, invité à son tour, a lui aussi senti la réponse affective. Ils sont visiblement émus de cette découverte inattendue, car ils n'avaient pas vécu cette expérience lorsqu'ils attendaient leur propre enfant ! Ne nous étonnons pas si, quelques mois plus tard, ils vous annoncent une heureuse nouvelle… Ainsi, l'enfant élargit ses rencontres bien au-delà de sa famille. On met l'éclairage actuellement sur cette poly-sensorialité intra-utérine de l'enfant qui mêle audition et perceptions tactiles. On oublie trop souvent encore qu'il monte les escaliers avec ses parents, qu'il les accompagne en voiture, en vacances, en courses, qu'il les entend converser avec les voisins, que les aboiements de leur chien ne lui sont plus inconnus !

Ce n'est pas seulement dans cet espace social que votre enfant s'éveille : Terry Berry Brazelton nous a appris qu'au septième mois, non seulement il réagit à différents sons, mais qu'il est capable de se détourner de stimuli négatifs pour faire attention aux stimuli positifs. Une sonnerie de réveil le fait sursauter, mais, s'il l'a entendue plusieurs fois, il s'en désintéresse et n'y réagit plus. En revanche, il se tourne vers le son agréable d'une petite boîte à musique et, s'il en entend les premières notes et qu'on s'arrête, il en attend la suite.

Il témoigne parfois d'une perception étonnante de l'heure. Le soir, il entend le bruit de la voiture du père et la mère dira qu'elle l'a senti bouger tout à coup : elle sait que son compagnon va mettre la clef dans la serrure de la porte d'entrée, parce que l'enfant se manifeste avant qu'elle n'entende le moindre bruit. Est-ce l'attente de sa mère qu'il perçoit ? A-t-il entendu la voiture en bas de l'immeuble ? Et quand le père tient dans ses bras la mère de l'enfant, ce dernier réclame lui aussi sa part de tendresse, participant à ces échanges. Ceci ne va pas sans poser le problème des relations sexuelles amoureuses, pendant ce dernier tiers du temps de la grossesse.

On en parle toujours lors des groupes d'accompagnement pré- et post-natal, auxquels le bébé va assister avec ses parents : après avoir beaucoup échangé sur l'éveil affectif de l'enfant *in utero*, le problème de la sexualité dans le couple est toujours abordé. Déjà père avant la naissance, oui, mais qu'en est-il de l'amant ?

Rester amants…

La relation d'un homme et d'une femme n'est pas simple, même quand on est heureux de vivre ensemble : incompréhension, paroles vives, gestes inattentifs… Se retrouver unis dans une relation amoureuse est souvent réparateur ! La question des rapports sexuels est, depuis peu, souvent évoquée par les pères avec les obstétriciens : « Je sens sa présence, et j'ai peur de le déranger ! » La baisse progressive de la fréquence des activités sexuelles, souvent plusieurs mois avant la naissance, est bien connue, mais dès qu'on les différencie de la tendresse inventive, bien des inhibitions et des doutes sont levés. Les médecins reconnaissent qu'ils sont plus permissifs pour eux-mêmes que pour les maris de leurs patientes lorsqu'ils prescrivent une réduction de l'activité sexuelle sans raison médicale réelle (menace de fausse couche, col effacé, dilaté). Certains pères, plus inquiets que d'autres, ralentissent leurs activités dès le premier mois, puis ils les reprennent les mois suivants, surtout quand l'épanouissement hormonal se fait sentir chez leur compagne, avec un désir de plénitude. En effet, les femmes connaissent souvent un désir accru pendant le second trimestre, entraînant tout naturellement un changement d'attitude de leur partenaire. Dans le cas contraire, le risque d'aventures masculines extraconjugales n'est pas négligeable : le rôle central de la femme, son désir et sa satisfaction ont une grande influence sur la sexualité de son compagnon.

L'accompagnement haptonomique et les effets sur le couple de la découverte de la vie affective de l'enfant peuvent avoir des effets apaisants et sécurisants sur la relation amoureuse de cette femme et de cet homme, chacun confirmant l'autre dans son « bien-être » et son « bon à vivre ». Tout humain le sait : la relation affective donne un sentiment de bonheur à celui qui est ainsi reconnu, valorisé, aimé. Les amants les plus passionnés peuvent s'apaiser sans cesser de s'aimer, s'aidant mutuellement à développer une créativité nouvelle de leurs gestes amoureux et de leur tendresse. Si « *storgè* », en grec, signifie la tendresse, et « *stergo* » « j'aime tendrement », on ne doit pas oublier que ces mots viennent de « *stereos* », « solide, ferme, fort ».

Dans les groupes de parole limités aux pères, la crainte de blesser l'enfant lors de rapports sexuels n'est pas seule en jeu et l'expression de fantasmes agressifs ne doit pas être ignorée : la place envahissante de l'enfant, le sentiment d'exclusion, la mort du couple, le désir de fuite, les cauchemars. Les laisser s'exprimer favorise la disparation de nombreux symptômes psychosomatiques, digestifs, musculaires ou respiratoires, nous l'avons vu plus haut. Dans ces groupes, les pères n'hésitent pas aussi à évoquer de nouvelles façons d'exprimer leur désir, l'attrait pour les seins épanouis de leur compagne, leur attendrissement pour sa beauté qu'ils ne se lassent pas de photographier.

Devenir parents

C'est en général à la fin de ce septième mois qu'a lieu la troisième échographie : la représentation que le père se fait déjà de son enfant s'en trouve souvent transformée.

Comme le temps passe vite ! Les parents ont parfois le sentiment de pouvoir prendre leur temps pour vivre cette aventure à leur rythme, et voilà que le temps s'accélère. Tel père exprime qu'il n'a plus du tout l'impression d'*attendre* un enfant, qu'il est *déjà* là, tel autre renchérit qu'il ne supporte plus les mots de *futurs* parents, de *futur* père. En devenant parents, ils découvrent l'extraordinaire puissance de l'enfant qui va naître bientôt. L'étymologie vous donne raison : le terme de parent est construit sur les racines *per, par,* indiquant le « passage à travers », inscrivant la durée dans l'aventure de la naissance. « *Partus* », le fait d'accoucher, est à l'origine de multiples termes dans notre langue : la femme primipare qui accouche est-elle une *parturiente,* si elle n'a jamais accouché ? On commence à parler de primipère, multipère, mais ces mots sonnent encore bizarrement. En termes de droit de la filiation, encore actuellement, la « suppression de part » signifie le fait de faire disparaître les traces de la naissance d'un enfant, ou d'ôter la connaissance de son existence et de son état. Bona*parte* signifiait « bon accouchement », le nom de Mala*parte* évoquant le contraire !

Dans *par*ent, *par*enté, *par*entalité, la racine *par* semble donc impliquer une séparation, et c'est bien de cela qu'il s'agit au moment de la naissance : mère et enfant seront séparés, mais ne l'était-il pas déjà *in utero,* par le placenta, les enveloppes, le cordon ombilical ? Les parents, eux, sont-ils prêts à intégrer les effets séparateurs de cette racine *par,* qui annulent la fusion et la confusion mère-enfant déjà évoquée ? Pourquoi craint-on à ce point dans notre culture cette *séparation* initiale, préfiguration de celles qui jalonnent toute notre vie ? Est-ce parce qu'elle renvoie à des sentiments d'abandon – aussi bien l'angoisse d'être abandonné que la culpabilité d'abandonner ? Est-ce parce que, dans l'espèce humaine, le tout-petit de l'homme naît dans une telle dépendance, une telle pré-maturation innée, que les parents ne peuvent l'imaginer parfaitement compétent à vivre sa propre existence ? Est-ce parce qu'on leur impose des conditions de séparation qui constituent de véritables microtraumatismes psychiques, dont on connaît pourtant les conséquences ?

Ce n'est sans doute pas un hasard si, à la fin de ce septième mois, les questions du mode de garde de l'enfant, de durée du congé de maternité, voire de paternité, se posent, comme celle de l'allaitement naturel et donc du sevrage. Encore un peu de patience : l'enfant est viable, mais il n'est pas encore en *par*tance ! Laissons s'installer la confiance, laissons-le jouer avec ses parents les notes harmonieuses d'une vie en devenir.

Devenir père

La relation au père permet à l'enfant de ne pas rester enclos, enfermé, dans « l'orbe » du désir maternel. Le père, dès le début de la vie, assure la liberté de l'enfant, et rassure celle qui vit avec lui cette étonnante aventure. Est-il ce foyer virtuel de l'ellipse képlérienne qui permet aux planètes de ne pas tourner autour du Soleil selon un cercle parfait imaginé par les philosophes, celui dont le centre maintiendrait l'enfant dans la seule référence à sa génitrice ? Au sein de cette ellipse à double foyer – l'un constitué par le Soleil, l'autre par le vide et le manque qui président à toute ré-accélération – le père, tout comme la mère, n'est pas un Dieu.

Le féminin et le masculin ne sont pas universellement dévolus selon les langues : en allemand, pour ne citer que cet exemple, le Soleil est féminin et la Lune masculin. Le père est essentiellement un repère sécurisant de la nouvelle dynamique familiale, dont il multiplie les énergies en la trinifiant[3]. Plus que jamais, à la fin de ce septième mois, il aide la mère à donner une place plus grande à l'enfant dans son giron, tout en préservant leur relation amoureuse. Et s'il est déjà père avant la naissance, c'est encore plus vrai dans ce dernier tiers du parcours intra-utérin, où l'enfant ne peut plus être vécu par le père comme un simple objet contenu dans le ventre de la mère.

Toute son activité laisse entendre à ses parents qu'il aura besoin de sortir et qu'il s'en donnera les moyens ! Il se poussera dans l'existence et se fera naître, unissant ses efforts à ceux de sa mère. Déjà, il s'est renversé pour que sa tête sente le col de l'utérus tandis que, plus haut, il prend appui avec ses pieds sur la paroi utérine, comme pour se préparer à *s'extérioriser,* à se glisser hors du corps maternel au moment de l'accouchement. Comment peut-on penser encore la passivité de l'enfant en ne privilégiant que l'activité de la mère ? « Poussez, poussez, expulsez » ! Comment est-ce possible, tant de décennies après les publications de *Naître,* celles de Lars Hamberger et Lennart Nilsson, et après que la voix de Frédérick Leboyer a retenti ? Accoucher concerne la mère, naître concerne l'enfant et la naissance les concerne tous les trois. Elle nous interroge tous...

Lettre d'un père

Oui, la vie psychique s'enracine dans la relation affective bien avant la naissance. En témoigne cette lettre écrite par un père au fond de sa prison :

> Monsieur, suite à la lecture de votre article, je vais vous raconter une aventure qui m'est arrivée... Pendant la grossesse de ma femme, j'ai toujours adoré caresser son ventre, et j'ai eu la chance d'avoir, de mon bébé, ses premiers coups de pied jusqu'au septième mois. J'ai joué avec le ventre de ma femme

par des caresses, des baisers ; j'adorais me coucher la tête sur son ventre, et je parlais à ma femme de tout, et du bébé. À la suite de ces sept mois, j'ai été incarcéré à la prison de Fleury-Mérogis et condamné à deux ans de prison ferme. Je n'ai pas pu aider ma femme à accoucher, malgré les cours d'accouchement sans douleur. Bref... j'ai eu une permission de quarante-huit heures au bout d'un an ; le bébé avait presque 11 mois. Le soir, quand je suis arrivé chez moi, il s'est réveillé et a pleuré, ma femme s'est levée et nous l'avons mis entre nous deux. Le bébé a eu une drôle de réaction, il m'a senti par deux fois, et s'est rendormi en me serrant un doigt dans sa main. Le lendemain, à sept heures, le bébé s'est réveillé, sa maman dormait. Moi pas, donc le bébé m'a regardé, il m'a souri, et m'a tendu ses petits bras, et m'a fait un câlin avec sa tête dans mon cou. Nous avons joué tous les deux, il n'arrêtait pas de sourire et de rire. Nous nous sommes levés. J'ai aidé sa maman à le changer. Nous avons d'abord pris notre bain tous les deux, à trois plutôt, ma femme était avec nous. D'habitude quand il sortait du bain, il pleurait ; là non, il s'est laissé essuyer et habiller sans rien dire, en riant, car je jouais avec lui ; chose aussi extraordinaire, il refusait de manger avec d'autres personnes, seule sa maman pouvait le faire manger ; avec moi, il a mangé. Nous avons passé la journée à rire tous les deux, et à jouer. La seconde nuit, il a pleuré, c'est moi qui l'ai pris dans mes bras. Je l'ai caressé, embrassé, et il s'est rendormi tout de suite en me serrant fort la main. J'ai passé quarante-huit heures de rêve avec lui ; sa maman n'en revenait pas ! Je crois qu'il avait reconnu en moi son père, celui qui jouait avec lui dans le ventre de sa maman...

Au septième mois ?

Septième rencontre avec l'obstétricien

Cette consultation au début du troisième trimestre – de routine pour l'obstétricien – permet au père de continuer à s'exprimer : « Que pensez-vous docteur ? Tout va bien ? » Il s'inquiète de ce qui peut arriver en cas d'accouchement prématuré. Heureusement, l'examen clinique, associé à l'échographie, est un excellent moyen de le rassurer. La tension artérielle, la hauteur utérine, le toucher vaginal et l'état général de sa compagne nous permettent de confirmer la bonne poursuite de l'évolution de la grossesse.

Vient ensuite la question des relations sexuelles. Nombreux sont les pères qui n'osent plus faire l'amour au troisième trimestre de peur de faire mal au bébé. Parfois même les mères nous disent qu'ils n'y sont pas arrivés depuis le début de la grossesse. L'important est, là encore, de démystifier ce qui apparaît souvent chez le père comme un tabou, et de lui donner quelques conseils. Savoir que son bébé est protégé par sa bulle de liquide amniotique et qu'il ne peut en aucune façon lui faire du mal suffit enfin à lever son inquiétude.

La cinquième séance d'haptonomie : intégrer l'espace

Au septième mois, les parents ont bien intégré ce contact haptonomique particulier – que nous avons nommé *thymo-tactile* et *affectivo-confirmant* – entre eux et avec l'enfant. Nous introduisons alors une notion nouvelle : une façon d'intégrer haptonomiquement l'espace dans lequel nous nous trouvons – *le « circumsensus »*. La possibilité de développer cette aptitude s'avérera particulièrement importante pour chacun des parents en salle de naissance, afin qu'ils puissent s'y sentir à l'aise. Cela se révélera bénéfique dans bien d'autres situations, par exemple en cas d'insomnie. On reprendra le centrage du bassin, debout et en position allongée. Puis, le père s'assoira sur un tabouret, la mère étant sur ses genoux pour la perception de la base et de l'enroulement. Cette position, très agréable pour elle, la soulage également en cas d'hyperlordose.

Présence, « *circumsensus* » et contact *affectivo-confirmant* élèvent le seuil de tolérance à la vulnérabilité et donc modifient la sensation douloureuse, ce qui permet de reprendre le travail sur la douleur. La séance se termine toujours par ce même contact avec l'enfant.

Cette cinquième séance est très technique et nécessite des explications en termes clairs, faciles à comprendre, qui s'appuient sur des schémas permettant de visualiser le chemin parcouru par l'enfant dans le bassin maternel.

Les présentations céphaliques – la tête de l'enfant à l'entrée du bassin – sont expliquées tout d'abord, car elles sont les plus fréquentes. Elles sont normales, dites « eutociques », et évolueront vers une naissance par les voies naturelles, sauf la présentation par le front. Dans ce cas particulièrement « dystocique », la tête est défléchie partiellement et présente un diamètre supérieur au diamètre le plus large du bassin : la naissance par voie basse n'est plus possible, ce qui nécessite une césarienne. De même, les présentations transversales de l'épaule sont toutes dystociques et incompatibles avec un accouchement par voies naturelles.

Reste la présentation du siège qui suscite beaucoup de questions : le bouche à oreille et les médias sont de moins en moins favorables à la voie basse, à tel point que nombre d'obstétriciens pratiquent systématiquement une césarienne, évitant ainsi tout risque médico-légal. Il en résulte qu'aujourd'hui peu d'entre eux ont fait suffisamment d'accouchements par le siège pour en maîtriser la pratique, alors qu'ils sont plus à l'aise avec la césarienne. Il en est de même pour les sages-femmes. Un jour où j'attendais une parturiente en travail avec une présentation du siège, une sage-femme, diplômée depuis déjà trois ou quatre ans, m'a avoué n'avoir jamais vu un accouchement par le siège pendant ses quatre années d'études ! Pourtant, comme je le dis aux parents, c'est un accouchement simple et très beau quand on en respecte la mécanique après s'être assuré de la normalité des mesures des diamètres du bassin, et qu'on en maîtrise la technique. Il a toujours été considéré comme un accouchement « eutocique » dans tous les livres d'obstétrique sérieux. Il faut cependant une totale confiance de la patiente envers l'obstétricien et une information adéquate, sinon, devant toute hésitation, la césarienne s'impose.

Le père joue un rôle plus important qu'il n'y paraît dans cette décision : un avocat m'avait menacé d'un procès si l'accouchement se passait mal ; son épouse, qui ne souhaitait pas une césarienne, a dû l'accepter en raison du comportement de son mari. Un autre père aurait pu m'aider à refuser une césarienne à sa compagne : celle-ci ne voulait pas accoucher par les voies naturelles d'une présentation céphalique toute simple, parce qu'elle craignait que son mari assiste à un accouchement qu'elle assimilait à un vêlage : un confrère a accepté de l'opérer !

La sixième séance d'haptonomie : expulsion, ou invitation ?

Réalisée à la fin du septième mois ou au début du huitième, cette séance porte sur l'évolution des expériences haptonomiques vécues par les parents et l'enfant à la maison : les contacts *affectivo-confirmants* entre eux, l'ouverture de la base maternelle, la descente de l'enfant vers la main du père et la perception qu'il en a, et enfin les jeux avec l'enfant. Les parents apprennent à rester avec leur bébé et « à ne pas le quitter » quoi qu'il arrive : ils doivent savoir se protéger et le protéger éventuellement d'un environnement peu convivial en salle de naissance – il y en a encore ! – et agir de même au moment des sensations douloureuses. Pour que la mère ressente et comprenne ce qui se passe alors, l'obstétricien les provoque même *a minima,* en pinçant par exemple le genou de la mère : « La douleur vous a fait quitter votre enfant, et vous sentez qu'il est remonté tout là-haut ; sa tête ne vient plus appuyer sur le col utérin pour l'amener à s'ouvrir. Ne bloquez pas, restez avec votre enfant. C'est un apprentissage important qui permettra de surmonter la violence des contractions en restant avec lui et son père en toute sécurité ».

On aborde dans un deuxième temps, avec la mère allongée, la différence entre une poussée qui expulse et chasse, et une descente guidée par la main du père qui invite l'enfant à venir dans le creux de sa main. Une explication de la physiologie de la position utilisée lors de la défécation aux toilettes a été auparavant nécessaire. En position de mise au monde, tout peut alors devenir différent : les genoux écartés placés au-dessus du bassin, soutenue par le père, la mère, ainsi initiée, n'a plus à subir une expulsion forcée par les « Poussez, poussez » pressants des professionnels ! En s'ouvrant le plus possible, elle accompagnera et guidera l'enfant pour l'aider à sortir jusqu'à sa couche. « *Educere* », conduire au dehors : en haptonomie, *éduction* exprime cette venue au monde de l'enfant.

À la fin du septième mois, le couple connaît en général le lieu de l'accouchement. Si la naissance se fait dans un environnement peu haptonomique, il doit se préparer à gérer cette situation, sans aide ni accompagnement. Il convient de reprendre le travail appris lors des séances précédentes : bercements du couple et contact affectivo-confirmant. En pinçant et en tirant légèrement les adducteurs des cuisses vers le bas tout en invitant la mère à rester avec son enfant, nous l'incitons encore à ouvrir sa base pour supprimer la douleur, et pour que l'enfant descende dans le bassin. Tout ceci n'est possible que si le couple joue le jeu, et s'il n'y a pas de contentieux entre eux : tout problème de couple doit être décelé et éclairci avant l'accouchement, sinon nous serons confrontés à l'échec de la relation parentale, à la fermeture de la base et au blocage du bon déroulement du travail. L'obstétricien peut aider le couple à dépasser les inévitables conflits inhérents à la vie quotidienne, par la distanciation de son humour, par la relation de confiance et le contact physique particulier qu'il a établi avec chacun, dans une intimité chaleureuse. Ils ont appris, on l'a vu, à être ensemble quoi qu'il arrive, quel que soit l'environnement soignant, et ils progressent jour après jour dans cette façon de vivre ces situations.

Heureusement, il reste encore deux mois pour dépasser toute difficulté et continuer de s'épanouir !

8

Huitième rencontre

« [...] et d'un cercle à l'autre, le signe arabe du 8 couché mène l'enfant vers l'infini : ∞ »
Bernard This.

Huit mois ! Le temps passe vite, l'enfant pèse presque deux kilos et demi, mesure quarante-cinq centimètres, la hauteur utérine est de trente-trois centimètres, l'utérus ayant le volume d'un « ballon de rugby », selon une comparaison souvent évoquée... alors que les petits coups de pieds du bébé sont plutôt attribués à un futur footballeur ! L'enfant s'y est déjà placé tête en bas, le plus souvent. Ses mouvements ont plus de force, il se déplace, s'étire, pousse des pieds ou des poings. On peut voir en surface ses mouvements s'inscrire dans le ventre maternel et, quand le père pose sa main tendrement, la modulant d'un « Ton p'tit pied, ton p'tit pied ! », la chaleur de sa paume et les modulations de sa parole font disparaître cette vivante écriture.

Vous jouez de plus en plus avec lui : « Oh, tu es fort ! ». L'enfant pousse avec son pied sur l'appui solide de la main paternelle, montrant à son tour que sa propre force s'affirme. Il lui fait signe de se préparer à « sa venue au monde » et à son accueil !

Les deux sphères du 8 couché, ∞ : s'ouvrir à l'infini

Le futur a déjà commencé, avons-nous dit, et la naissance se prépare au cours de ces deux derniers mois de la gestation où l'enfant, viable, pourrait venir au monde prématurément sans danger grave s'il est bien surveillé médicalement. Mais le symbole de ce sablier qu'est le 8 couché nous parle déjà d'infini. Le passage d'un cercle à l'autre donne tout son sens à ce temps de maturation et indique que la sphère intra-utérine va s'ouvrir : l'enfant va passer du ventre maternel aux mains du père, qui jouera pleinement son rôle protecteur et sécurisant au moment de l'entrée de l'enfant dans la sphère sociale.

Freud avait insisté, sous l'influence d'Otto Rank, sur l'importance de la *césure* au moment de la naissance. Mais il ajoutait : « La vie intra-utérine et la première enfance sont bien plus en continuité que nous le laisse croire la césure frappante de l'acte de naissance »[1]. Même si Freud n'avait pas reconnu l'existence d'une vie affective prénatale, on voit s'esquisser ici une dynamique transitionnelle qui nous interroge tous aujourd'hui.

Tout au long de ce livre, le père anime une triade, dont il sent bien qu'il est avec sa compagne la cheville ouvrière d'une sécurité de base prénatale qui s'épanouira après la naissance, sans rupture de continuité, et pendant toute la vie, l'infini de notre évolution étant en perpétuel développement jusqu'à notre mort.

Tout au long de ce siècle qui nous sépare des premiers textes freudiens, nous étions des pères empêchés. Jusqu'au *Père : acte de naissance*[2], le scepticisme, les doutes, l'ironie même ont exclu le père de cette place qu'il peut enfin occuper aujourd'hui. À l'avenir, la psychanalyse cessera peut-être de véhiculer des mythes qui n'ont plus de raison d'être dits fondateurs, associés à des souhaits de mort envers le père et aux désirs confusionnels de faire des enfants à sa mère. Et la pratique haptonomique prénatale permettra au père de l'être avant la naissance pour transmettre à ses enfants ces premières expériences affectives partagées, pour que ceux-ci les transmettent à leur tour. Ainsi, la chaîne intergénérationnelle des malheurs et de leur répétition sera enfin interrompue !

Congé de maternité, congé de paternité

L'enfant, dans le liquide et ses membranes amniotiques, participe à la vie de ce monde où nous vivons, tout en étant protégé et porté. Autour de lui, il y a la sphère utérine maternelle et, faisant un deuxième cercle, le bourdonnement de la ruche des grands-mères, sœurs, amies, qui échangent leurs expériences féminines, tandis qu'en troisième position, la sphère paternelle est bien là, permettant d'échapper à ce monde maternel confusif. Médiateur et séparateur, le père protège la mère de cette tentation unitaire, « moi-mon enfant », déjà dénoncée

– confusion qui, à long terme, aboutit souvent à cet « enfant-roi », désigné par notre société comme un tyran asservissant ses parents. Mais ne sera-t-il pas lui aussi soumis aux mêmes contraintes de la vie des adultes qui l'entourent ?

Déjà, certaines réalités vont envahir les rêveries du congé de maternité débutant, avec son cortège de soucis partagés. « Qui va garder notre enfant ? » Se posent en effet les difficultés de trouver *un lieu de vie* susceptible d'*accueillir* l'enfant à la reprise du travail de la mère. On découvre qu'une certaine politique et des textes administratifs récents font régresser des structures d'accueil de qualité à un retour aux anciens *modes de garde*, où aucun père n'aimerait *déposer* son enfant. La révolte des professionnels de la Petite enfance contre les modalités imposées d'un « multi-accueil » et du remplissage de la fameuse PSU (Prestation de service unique) est restée lettre morte[3].

Mais, au huitième mois, la sérénité du congé de maternité qui débute alors ne se laisse pas encore entamer ! Certes, actuellement, nombreuses sont les femmes qui ne profitent pas de cette possibilité, parfois jusqu'à l'accouchement. Ces « femmes actives » auraient l'impression que prendre leur congé de maternité les rendrait passives, ou qu'il ne serait qu'un « congé de maladie »[4]. Des arguments divers étayent leurs choix : leur travail peut ne pas être pénible et elles se sentent en pleine forme ; si ce n'est pas le cas, elles veulent rester présentes le plus longtemps possible dans leur vie professionnelle ; d'autres reportent le congé prénatal après la naissance pour mieux profiter du premier semestre de vie du bébé, pour être plus disponible pour lui, conscientes que le temps actuel de ce congé est notoirement ridicule en regard des besoins d'un tout-petit !

Pourtant, ces derniers mois de gestation ont une fonction naturelle bien précise qui ne peut être remplie s'ils sont vécus dans les contraintes quotidiennes du travail à l'extérieur. Ils permettent à la mère de vivre tranquillement cette relation affective permanente avec son enfant, se préparant et le préparant à sa venue au monde. Elle invite ainsi le père à se projeter dans l'accueil post-natal; la nidification intra-utérine commence à se transformer en nidification intrafamiliale, souvent très concrètement: aménager la chambre, choisir la couleur des meubles, des rideaux, du berceau, les premiers vêtements, s'informer, lire. Anticiper, c'est aussi faire place à cette rêverie essentielle, qui participe de la sécurité de base de la mère, du père et de l'enfant.

Sinon, le risque n'est pas négligeable qu'avec le report après la naissance du congé de maternité du huitième-neuvième mois, la mère éprouve un besoin impérieux de maintenir son nouveau-né dans cette proximité psychique intra-utérine dont elle n'a pas su profiter puisqu'elle restait préoccupée par ses activités professionnelles. Comme pour récupérer ce temps qu'elle n'a pas vécu avec lui dans les dernières semaines de sa gestation, elle le porte constamment sur le ventre, contre sa poitrine, sans pouvoir s'en séparer ou le poser dans ce berceau qu'elle aurait préparé. Elle est parfois encore plus submergée par ses nouvelles tâches qu'elle n'a pas pris le temps d'anticiper, voire d'affronter avant d'y être confrontée. Enfin, ce congé d'avant la naissance, reporté après, risque de faire perdre à l'enfant ce temps précieux qui le rendra prêt à s'ouvrir au monde, et empêche souvent le père d'en assumer la fonction.

« Congé »: le terme lui-même pénalise, culpabilise; un droit naturel à se reposer pour mieux accoucher et mieux préparer la venue de l'enfant se voit perverti en une sorte de vacances, de « congés payés » à ne rien faire, comme si mère et enfant parasitaient notre économie. Que l'Union européenne agisse pour promouvoir l'allongement indispensable du « congé » de maternité, et c'est un tollé de politiciens ou d'économistes affligés d'une « amnésie infantile », dont il faudra bien un jour qu'ils comprennent les effets sur leurs décisions. Quelle commune « mesure », en effet, entre les coûts d'un congé de maternité et le cortège de souffrance produit par les conditions actuelles d'accueil du jeune enfant dans tous les domaines, y compris le raccourcissement du séjour en maternité : troubles du sommeil, dépression mère-enfant, puis agitation, hyperactivité, agressivité, et voilà le spectre de la prédélinquance ! Quel sens cela a-t-il de dénoncer les futures déviances sociales à moins de 3 ans, alors que les dénonciateurs eux-mêmes, en ne s'attaquant pas aux causes initiales qu'ils continuent d'organiser, en sont politiquement responsables[5] ?

Au cours de ce huitième mois, le père apprécie et goûte cet instant où il rentre de son travail sans s'attarder, pour la retrouver, si épanouie, elle et ce petit être qui tous les deux l'attendent. Il est pressé de retrouver celle par qui le mot « père » ou « papa » est prononcé, celle qui lui permet de vivre sa paternité en étant désigné comme tel. Il se sent désiré comme père de son enfant puisqu'il en a la valeur à ses yeux, tout en étant son bien-aimé. Elle est beaucoup moins fatiguée, et si ses douleurs lombaires réapparaissent, il suffit qu'il se tienne debout derrière elle, accompagnant son souffle, et qu'elle se laisse aller, penchant sa tête en arrière, pour que ses couleurs reviennent et qu'elle retrouve toute sa légèreté. Parfois, ils s'accompagnent d'une chanson douce, celle-là même qu'il chantera plus tard pour endormir son enfant.

Déjà père avant la naissance : on comprend mieux ici le succès du congé de paternité, si bien nommé après la naissance, alors qu'il avait semblé si incongru à certains.

De père en grand-père

Les travaux de Jean Feïjoo, ce dentiste qui fut à l'origine de la sophronisation musicale et de nos connaissances sur les perceptions auditives prénatales, ont ouvert, dans les années 70, des horizons insoupçonnés sur l'aube des sens[6] ! À propos du basson de *Pierre et le loup* de Prokofiev, si bien mémorisé par le tout-petit, un père faisait remarquer à son propre père que le passage utilisé correspondait à la voix d'un grand-père. Ce dernier, très ému, s'était alors adressé à son petit-fils : il lui avait répondu, il avait bougé, il s'était manifesté. La mère avait invité son beau-père à poser sa main sur son ventre pour qu'il sente ses mouvements, au grand étonnement, à la grande émotion de ce dernier. « Déjà » grand-père, « déjà » grand-mère avant la naissance[7] ? Il ne s'agit plus d'un simple changement de statut générationnel à l'annonce d'un enfant, ce ne sont pas les autres qui vous font grands-parents, c'est votre propre petit-fils, votre petite-fille, dès son existence prénatale[8].

Né d'un couple qui fonde une lignée, l'enfant vient aussi d'un double lignage maternel et paternel, grands-parents, arrière-grands-parents, et sa seule apparition suffit à mettre en mouvement tout le système de la nomination familiale, à créer des oncles, des tantes, des cousins, des cousines. Ces remaniements de nomination, ces changements qui tissent de nouveaux liens de parenté et positionnent clairement la place de chacun dans sa génération, ce sont les parents eux-mêmes qui les verbalisent : « Elle m'a annoncé que je devenais père, et à mon tour, en lui offrant un bouquet de fleurs, je l'ai reconnue et fêtée comme mère de notre enfant ».

Nous prenons notre place dans la succession des générations sans prendre celle de nos parents, et cela ne passe pas seulement par la nomination. Une mère, apprenant qu'elle devenait grand-mère, fait cadeau à sa belle-fille d'une broche qui lui a été donnée dans les mêmes circonstances. En Afrique, l'importance des ancêtres est telle qu'on observe parfois durant plusieurs jours le visage du nouveau-né, par moments fripé et ridé : on cherche des ressemblances avec tel ou tel aïeul protecteur pour faciliter le choix des prénoms. Un grand-père monte au grenier de la maison familiale pour restaurer le berceau de bois qui avait accueilli tous les enfants de la famille, et qui émerveille à présent son gendre : il trône déjà dans la chambre d'enfant avec une nouvelle parure, incitant les parents à en repenser toute la décoration ! La place que l'enfant prend ainsi bien avant sa naissance s'enracine plus profondément qu'il n'y paraît : ce qu'on appelle « la langue maternelle » n'est-elle pas celle dont ses parents entendaient déjà la mélodie quand ils étaient tout petits dans le ventre de leur propre mère ?

« La langue maternelle » : de la musique avant toute chose

Quand il naquit dans la grotte du mont Cyllène en Arcadie, les premiers mots du dieu Hermès accompagnèrent sa libération : langé trop serré, il trouva moyen de se délivrer, de se mettre debout pour aller prendre les génisses de son frère Apollon en Thessalie et les ramener jusqu'à sa grotte où il en sacrifia une pour en utiliser les boyaux. Tendue sur la carapace d'une tortue, la première lyre était inventée. Zeus, étonné de l'intelligence de son fils, mit un bâton dans sa main, des ailes à ses pieds et en fit son messager. Entouré de deux serpents, ce bâton est devenu familier à tous, car, plus de 4500 ans après sa première représentation, il figure toujours dans le caducée des médecins qui se souviennent des serpents d'Asclépios, dieu de la médecine. Le caducée d'Hermès symbolise l'équilibre entre les forces antagonistes de l'ordre biologique et moral, entre le spirituel et le biologique. On constate aujourd'hui la prédominance de la technique et de la science, voire du tout économique, dans la conception de nos maternités : aurions-nous oublié d'y joindre la lyre d'Hermès et son bâton de messager ?

Avec les progrès de nos moyens d'enregistrement et de nos connaissances dans ce domaine, le père aujourd'hui sait combien le monde intra-utérin est un monde sonore où, si les bruits extérieurs parviennent à l'enfant, les bruits intérieurs sont incessants : ceux du cœur maternel, des modifications de sa respiration, de sa digestion ; ceux, plus étonnants, du placenta, le tout dépendant des contractions utérines. Pression et contre-pression entraînent une variation considérable de ce fond sonore et des perceptions auditives qu'en a l'enfant. Certains chercheurs ont même comparé le souffle utérin au son de la cornemuse et du biniou, en référence aux travaux de Lejumeau de Kergeradec évoqués précédemment ici. Que le cordon ombilical soit déjà musical, et nous retrouvons les cordes tendues par l'enfant Hermès !

Dans ce bain sonore auquel l'enfant s'est accoutumé, il est surpris par certaines musiques, certains bruits qui, reconnus, vont devenir significatifs, liés à des affects de plaisir ou de déplaisir, partagés avec sa mère, son père et tous ceux qui lui parlent. Et si « la langue maternelle », qui s'apprend mais ne s'enseigne pas[9], c'était cela aussi : des « mots » dont il perçoit l'intention et l'intonation, qu'il comprendra plus tard, mais qui s'inscriront dès les premières semaines après sa naissance dans ses vocalises, dans la musique de ses lallations. Ne nous étonnons plus si les nourrissons vietnamiens ne babillent pas comme les petits Français, et si les Tziganes font entendre à l'enfant, dans les trois derniers mois de gestation, des mélodies jouées au-dessus du ventre maternel par le « roi du violon », afin que l'enfant le devienne à son tour. De même, ces pères qui ont parlé à leur enfant pendant qu'il était dans le ventre maternel découvrent avec émotion que leur enfant les a reconnus dès qu'il a entendu leur voix après la naissance : « Il a ouvert les yeux immédiatement et j'ai reçu son premier sourire ». Oui, « de la musique avant toute chose », mais sans oublier celle de la parole.

Faut-il pour autant « saouler » votre enfant d'un flot de paroles[10] ? Des expériences américaines – « Les fœtus à l'université » – veulent apprendre aux enfants des listes de mots, dans un contexte rationnel, privé de toute spontanéité inventive et affective, certains mots étant même associés aux gestes : « Pressez », « Frottez » – et on presse ou on frotte le ventre maternel ! L'hyperstimulation des jeunes enfants et la socialisation la plus précoce possible[11] (en faire pour eux le plus vite et le plus tôt possible dans la course à la compétitivité) gagnent la vie intra-utérine. Laissez-les tranquilles, dans ce bain sonore affectif où la voix de leurs parents suffit à les apaiser.

L'enfant répond souvent par une succion-déglutition, comme si lui parler, c'est l'inviter à « boire nos paroles » en même temps que son liquide amniotique !

Boire les paroles : de la succion avant toute chose !

L'absorption du liquide amniotique est vitale pour le développement de l'enfant, et la concentration de certains médiateurs chimiques cinq à dix fois plus élevée après la naissance résulte bien d'une stimulation gastro-intestinale prénatale. Mais cela va plus loin : si les rythmes sécurisants du cœur maternel s'accélèrent brutalement, l'enfant s'agite, puis déglutit pour se calmer ! Si la voix des parents ne vient pas stimuler les mouvements de déglutition observables par échographie dès le premier trimestre de la grossesse, l'enfant de son côté fait appel à la succion de ses doigts ou de son pouce. Celle-ci active les nerfs sensoriels de la bouche, libérant la gastrine et les autres hormones intestinales qui agissent sur le système nerveux parasympathique, créant le sentiment de satiété de l'enfant, puis entraînant le sommeil. Il en est de même quand nous mangeons entre amis, le plaisir en étant décuplé : les taux d'ocytocine, de prolactine et d'endorphine ne sont pas comparables à ceux que nous obtenons lors d'un repas solitaire !

Le besoin de sucer, de téter, a été sous-estimé, comme le besoin d'être porté et contacté affectivement, peau à peau. Un enfant bien nourri, mais carencé en relations affectives et en câlins, se réfugiera dans une succion régressive du pouce ou de la main, ce qui ne l'aidera pas pour autant à se sécuriser. Des parents et des professionnels trop pressés, voire culpabilisés, le rendront dépendant à la tétine, cette trop fameuse « tototte » dont la multiplicité des modèles proposés en dit long sur leur intérêt commercial. Des campagnes récentes en dénoncent enfin l'usage excessif : encore faudrait-il que les adultes ne confondent pas la nécessaire continuité entre la succion intra et extra-utérine et le bouche-trou qui les arrangent[12] !

Au terme de cette rencontre, les pères, comme les mères, témoignent de leur intérêt passionné pour une meilleure compréhension de ce que vit leur enfant *in utero*. Mais ils insistent : les connaissances scientifiques et objectives, si captivantes soient-elles, comptent surtout lorsqu'elles éclairent le contact sécurisant et la relation affective établie avec l'enfant dans une trinification épanouissante. À l'aube de ce point de départ qu'est la naissance, ils ont le sentiment de construire la sécurité de base de leur enfant, celle qui lui permettra, malgré les difficultés qu'il rencontrera inévitablement, d'être à l'aise dans l'existence. Encore faudrait-il que tous trois se préparent à une naissance qui ne soit pas une « *expulsion* », et où les injonctions ne se résument plus à ce « *Poussez, poussez* », témoignant de l'angoisse qui peut régner dans une salle de travail.

Pousser l'enfant… ou l'inviter ?

Pourquoi les maternités chantantes ne se généralisent-elles pas ? Pourquoi les connaissances, à présent établies, issues de la pratique haptonomique, n'influencent-elles pas les pratiques ? Une jeune femme, en fin de grossesse, avait un bébé haut placé qui ne pouvait descendre. L'obstétricien qui l'accompagnait évoquait déjà la possibilité d'une césarienne.

Or, les radiographies montraient un bassin normal. Frans Veldman, étudiant attentivement les fossettes du bas du dos, fit observer que la fossette gauche ne s'élevait pas quand la femme levait sa jambe gauche, alors qu'à droite elle se mobilisait facilement. Il convenait donc de pratiquer une correction à ce niveau de l'articulation sacro-iliaque. Debout derrière elle, la soutenant dans ses bras où elle se laissait aller en confiance, Frans Veldman la balança doucement en arrière, de droite à gauche et, sans que nous n'ayons entendu aucun craquement, nous avons tous constaté qu'une fois la mère allongée, l'enfant était descendu. À partir de là, il pouvait aider l'enfant à s'engager dans le bassin en vue de sa naissance. La menace d'une césarienne était définitivement écartée.

Il est donc possible d'intervenir sur la dynamique obstétricale par des gestes appropriés, sans envisager d'emblée un geste chirurgical, mais qui, dans nos maternités, est capable de les réaliser ? La nécessité d'une formation spécifique en hapto-obstétrique s'impose dans la formation initiale et post-universitaire des praticiens de la naissance, dans laquelle le terme d'*expulsion* sera définitivement remplacé par la naissance et l'ouverture à la vie.

Huitième rencontre avec l'obstétricien

La consultation du huitième mois : expliquer les mots

Certains mots font peur, et il est bienvenu de les comprendre. Sans aller jusqu'aux manœuvres d'extraction, il existe des moyens simples, utilisés quotidiennement en salle de naissance pour éviter toute souffrance de l'enfant *in utero* et l'épuisement inutile de la mère.

La perfusion de syntocinon, par exemple, utilise en fait un produit de synthèse de l'ocytocine, hormone qui stimule et renforce les contractions utérines chez la femme enceinte, déclenche et accélère le travail de l'accouchement et joue un rôle dans la sécrétion de la glande mammaire. Hormone de l'amour, hormone de la vie, l'ocytocine est considérée aussi comme l'hormone de la confiance et du sentiment amoureux. On retrouve des concentrations en ocytocine très importantes chez l'homme et la femme lors de l'orgasme, et on l'a qualifiée d'hormone de l'attachement et du câlin, car elle libère de la dopamine, neuro-transmetteur conférant, entre autres effets, un sentiment de bien-être. C'est la chute du taux de progestérone, entraînée par le vieillissement du placenta en fin de grossesse, qui libère l'action de l'ocytocine, inaugurant ainsi le début du travail. Le père ne doit pas s'inquiéter si la sage-femme ou le médecin ont recours à une perfusion de syntocinon durant le travail, appelé même alors « travail dirigé » !

L'anesthésie péridurale est une technique d'anesthésie locorégionale qui consiste à introduire un cathéter, sorte de petit tube, dans l'espace péridural situé entre la troisième et quatrième vertèbre lombaire, permettant la diffusion d'un produit analgésique ou anesthésique. L'utilisation la plus courante est l'analgésie péridurale lors d'un accouchement par les voies naturelles. En cas de césarienne, la dose d'anesthésique est plus forte. Il y a certaines contre-indications à la péridurale, qui sont essentiellement les troubles de la coagulation, la fièvre, une infection au niveau du point de ponction. L'anesthésie péridurale est pratiquement une option de routine aujourd'hui pour un accouchement normal sans préparation haptonomique.

La rachianesthésie est également une anesthésie locale, mais il s'agit d'une injection de solution anesthésique directement au contact des racines nerveuses lombaires, nécessitant un franchissement de la dure-mère, ce qui permet une puissante anesthésie des parties du corps situées au-dessous de la ponction. Elle est actuellement la méthode de choix pour la césarienne programmée.

Ces deux dernières méthodes nécessitent toutes deux une consultation avec un anesthésiste au début du neuvième mois, ce dernier donnant toutes les informations nécessaires et évaluant, après un examen clinique complet, les indications ou contre-indications des différentes techniques d'anesthésie à utiliser si nécessaire. Cette consultation est obligatoire avant tout accouchement, même en dehors de toute urgence.

Le déclenchement de l'accouchement est devenu fréquent et nous assistons de plus en plus à des naissances programmées. Est-ce bien raisonnable, même si les techniques de déclenchement sont affinées et la maîtrise de la parturition un thème favori dans les congrès ? En dehors de certains cas pathologiques ou l'extraction de l'enfant est nécessaire, doit-on perturber son horloge biologique et celle de sa mère ? N'est-il pas préférable de respecter le temps de maturation et le moment où l'alchimie hormonale du couple mère-enfant déclenche naturellement le processus de l'accouchement ?

Déclencher artificiellement l'accouchement ou pratiquer une césarienne programmée sont des comportements réservés à certains cas particuliers : souffrances fœtales, hypotrophies diverses, état pathologique maternel... Quant à la césarienne programmée, elle ne devrait être réservée qu'aux bassins étroits, qu'à certaines présentations du bébé par le siège, à un utérus multi-cicatriciel, aux gros bébés. L'anesthésie péridurale fait partie en général du cortège thérapeutique de tout déclenchement.

Ventouse obstétricale, forceps ou spatules sont autant d'outils à la disposition de l'obstétricien lorsque l'enfant supporte mal les contractions utérines trop violentes, ou lorsque la mère est épuisée, ses efforts de poussée devenant inefficaces. Il est conseillé de n'utiliser ces manœuvres obstétricales que lorsque l'enfant est bien descendu dans le bassin. En dehors de toute urgence, ces manœuvres instrumentales sont réalisées sous anesthésie péridurale ou générale. La ventouse obstétricale est un instrument d'extraction du fœtus par voie vaginale lors d'un accouchement difficile ou qui dure trop longtemps, permettant à l'obstétricien de fléchir la tête de l'enfant, réduisant alors les dimensions de son diamètre pour en faciliter la progression. Ne vous inquiétez pas de la bosse qu'elle laisse sur le crâne du bébé : tout à fait bénigne, elle disparaît habituellement en quarante-huit heures. Les forceps, terme un peu barbare qui signifie « pince » en latin, consistent en deux branches en forme de cuillères qui, appliquées sur la tête de l'enfant, permettent la traction et donc l'extraction. Les spatules, elles, écartent les tissus maternels devant la tête fœtale pour en permettre la descente sans la tracter.

L'épisiotomie inquiète parfois les pères, car ils entendent souvent les femmes en parler entre elles avec une certaine anxiété, et il est bon d'en clarifier les indications. C'est une incision du périnée pour en empêcher une déchirure spontanée dommageable. On en dénonce actuellement à juste titre son utilisation systématique. De même, si *la césarienne* est une technique chirurgicale d'extraction nécessaire lorsque l'accouchement par les voies naturelles n'est pas possible, voire dangereux, on y a trop souvent recours en France : le pourcentage de césariennes a fortement augmenté, passant d'environ 10 % en 1981 à plus de 20 % actuellement, selon les lieux de naissance et les pratiques locales ! Certes, ces indications sont multiples, mais on ne doit pas en banaliser les risques et les effets secondaires, plus importants que lors d'un accouchement par voies naturelles, sans compter son influence sur le vécu de l'enfant et du père. Le père pourra être présent, tenu au courant de l'évolution et, si l'enfant se porte bien, il ne sera pas séparé de lui pour éviter toute angoisse d'abandon. Certains obstétriciens refusent encore aux pères l'accès à cette salle d'opération pour des raisons diverses – asepsie, crainte de leurs réactions – et, si certains pères n'acceptent pas d'être mis à l'écart, d'autres en sont soulagés ! Si la césarienne est décidée en cours de travail, l'urgence de la situation est génératrice de stress et d'angoisse : les pères craignent pour la vie de deux êtres chers et, comme tout un chacun, ils appréhendent le bloc opératoire.

Le scialytique – éclairage puissant utilisé dans les salles de chirurgie et d'obstétrique – a longtemps perturbé les conditions d'accueil du nouveau-né en particulier sur le plan de sa vision : il ne naît pas aveugle, mais il était aveuglé, ébloui par cet excès de lumière qu'on lui imposait bien inutilement !

L'accouchement approche ! Le père est parfois inquiet quant au moment de l'accouchement, et les questions se précisent. : « Comment faire la différence entre une contraction de fin de grossesse et le début d'un vrai travail ? Que faire si je suis au bureau lorsque le travail de l'accouchement démarre ? Quand doit-on venir à la maternité ? Que faire si elle perd les eaux à la maison ? » À toutes ces questions récurrentes, nous l'avons vu, il est facile d'apporter des réponses rassurantes, à réactualiser cependant à chaque mois, car elles sont le reflet d'une inquiétude bien normale. Heureusement, la préparation à la naissance s'adresse aussi au père ! Les plus angoissés sont les « primipères » : s'il s'agit d'un deuxième, troisième enfant ou davantage encore, ils sont beaucoup plus sereins, trop parfois, car, à partir du second accouchement, tout peut aller beaucoup plus vite et il vaut mieux ne pas trop attendre à la maison.

Quoi qu'il en soit, dès les premières contractions, il faut se préparer à partir à la maternité, qu'il y ait pertes des eaux ou pas. Si le père n'est pas disponible ou en voyage, il importe d'avoir le numéro de téléphone de quelqu'un à portée de main, près du téléphone (famille, ami ou simplement taxi), et ne pas oublier d'apporter son dossier à la maternité. Pour le reste, tout se fera dans le calme dès l'arrivée en salle de naissance.

La consultation du huitième mois fait à nouveau le point sur la clinique et permet de prescrire la troisième échographie, afin de vérifier l'état clinique du bébé et d'éliminer toute anomalie non encore décelée pour en faciliter le traitement dès la naissance. Au début du neuvième mois, on prescrit aussi les examens de laboratoires à effectuer, nécessaires en vue de l'accouchement et de la consultation anesthésique, prévue aussi au début du neuvième mois.

Préparer haptonomiquement l'accouchement, dès le huitième mois

Sans entrer dans une information médicale trop technique, le père commence à s'intéresser aux positions et aux manœuvres physiologiques utilisées. L'accouchement, par les voies naturelles, d'un enfant en présentation céphalique bien fléchie est le cas le plus fréquent. La dilatation est complète et la tête déjà engagée réalise sa descente et sa rotation dans l'excavation pelvienne, afin de se présenter, le front en avant, derrière le pubis maternel.

Le père se tiendra derrière elle, sur le lit de naissance, la mère étant en position demi-assise, dos bien arrondi. Nous avons vu qu'elle peut adopter nombre de positions selon son désir et son confort, pour elle et son bébé, mais cela dépend aussi du lieu de naissance et de la complicité des sages-femmes qui l'accueilleront. On rappelle au père, s'il en est besoin, qu'en gardant ses mains affectueusement et haptonomiquement sur le ventre de la mère, il rassurera l'enfant et atténuera la violence des contractions ressenties. Chacun y participe dans la sécurité d'une relation *trinifiée*, où tous les trois sont ensemble. Contrairement aux idées reçues, l'enfant y est particulièrement actif : il se fait naître.

Faut-il ajouter, car c'est moins connu, que le rôle rassurant du père, bien présent dans sa base avec toute son affectivité et son amour, fait intervenir le système neuro-moteur « gamma » qui concerne l'innervation des muscles striés et règle le tonus musculaire : sa coordination, en assurant la souplesse et l'harmonie du mouvement, rend le muscle utérin plus efficace et moins douloureux pendant la contraction, pour la mère et pour l'enfant. La tête, d'abord bien fléchie, apparaît à la vulve, la distend au maximum, et la déflexion secondaire permet au front, au nez, à la bouche, puis au menton de se dégager. La tête est dehors et une rotation permet à l'épaule antérieure de se dégager à son tour ; le reste suit facilement.

Si l'accouchement se fait en position allongée sur le côté, l'enfant sort directement sans rotation de restitution.

Il est temps de prévenir les pères que la sortie de l'enfant n'a pas totalement « délivré » leur compagne ! Dix à trente minutes après la naissance de l'enfant, le placenta, anciennement nommé « délivre », s'extériorise spontanément. On appelle cette phase de l'accouchement la délivrance, car la mère peut se reposer, souffler, dès lors que l'obstétricien a vérifié que le placenta est complet. Les pères sont toujours heureux d'avoir accès à ces informations avant la naissance, et n'en regarderont pas moins avec curiosité cet organe, cette usine chimique qui a permis à leur enfant de vivre *in utero* !

Enfin, rassurons-les : discrètement, les soins à la mère seront réalisés par la sage-femme ou le médecin. On contrôle l'intégrité organique de celle-ci, on répare une éventuelle déchirure, on vérifie, en l'absence de saignement anormal, la bonne rétraction de l'utérus. Ce qu'on appelle le « globe rassurant » des accoucheurs est bien en place, à savoir un utérus bien contracté et dur. C'est l'obstétricien qui pourra partir rassuré !

La septième séance d'haptonomie : anticiper le temps de naître

Il s'agit d'une séance de contrôle où l'on peut aborder les dernières craintes. Avec un baigneur, on mime un accouchement : comment le bébé se fait naître ? Les parents, assis sur le lit, les bras du père entourant la mère appuyée contre son ventre, réapprennent l'enroulement. Le soutien de la base doit être bien senti. « L'être ensemble » est d'autant mieux perçu que le bébé réagit sous leurs mains.

On peut aussi montrer des positions debout pour soulager le dos et bien percevoir la base en ouverture. Les différentes positions qui peuvent être adoptées sont expliquées, pour faire sentir combien « l'être avec » peut procurer du bien-être. On peut aussi apprendre aux parents à percevoir le déplacement du bébé au cours de sa descente dans le bassin. Le contact *thymo-tactile, affectivo-confirmant* n'est plus un mystère pour eux, mais il est à vivre aussi souvent que possible.

Les contrôles du bassin et des diverses positions sont nécessaires : la mère doit rechercher avant tout son confort, qu'elle soit assise, accroupie, debout, couchée sur le côté ou en position gynécologique, les pieds dans les étriers. Ces positions ne doivent pas être une découverte inopinée en salle de naissance et la règle de base dans ces dernières séances est de rester à l'écoute de ses angoisses et de les relativiser.

On anticipe la naissance : l'enfant sera tout de suite placé sur le ventre de sa mère dans une relation de peau à peau, et s'apaisera aussitôt en retrouvant le rythme respiratoire maternel si familier. Le cordon bat toujours, car il ne sera sectionné que lorsqu'il cessera de battre, sauf évidemment s'il est nécessaire d'agir rapidement en cas de circulaire serrée du cordon autour du cou. Nous prévenons le père : il placera ses mains sur le bas du dos de son enfant, mais jamais sur sa tête, ce qui ne pourrait que le faire crier. N'empêchons pas le réflexe de fouissement : instinctivement, le bébé va monter vers le sein, poussant ses pieds sur les mains du père qui l'accompagne dans ce mouvement. Il va vivre sa première tétée, celle qui, par un processus hormonal complexe, facilitera le détachement des villosités placentaires, et un peu plus tard la libération du placenta ! Dans certaines maternités, le père peut donner un bain à son enfant – non pas pour le laver et lui enlever son vernix protecteur, bien sûr ! – mais pour qu'il retrouve le contact apaisant du liquide amniotique. Voudra-t-il couper lui-même le cordon ombilical, séparant ainsi l'enfant non pas de sa mère comme on a voulu nous le faire croire depuis tant d'années, mais de *son* placenta, devenu inutile ? C'est le bon moment pour en parler.

Les premières émotions passées, l'enfant sera pris en charge par la sage-femme, accompagnée du père, parfois maladroit, mais toujours près de son enfant. Il sera désobstrué si nécessaire et des gouttes lui seront administrées dans les yeux pour éviter une contamination avec d'éventuels germes d'origine vaginale, puis elle l'examinera. Toujours à côté du père, attentif au moindre détail, elle l'habillera, pour le lui confier enfin ! Le prenant tendrement dans ses bras, en plaçant une main sous ses petites fesses et l'autre main sous son ventre, il le redressera, lui faisant ressentir le bonheur de sa verticalité, face à sa mère qui lui sourit.

9

Neuvième rencontre

« Sept, huit, neuf
Dans un panier neuf ! »

« *Un, deux, trois, nous irons au bois, quatre, cinq, six, cueillir des cerises* », et voilà que la comptine nous rattrape : « *Sept, huit, neuf, dans un panier neuf* » ! Le chiffre arabe 6, qui accroche la queue du fruit à la branche, va s'inverser vers le sol : 9... Un beau symbole pour nous dire tout ce qui va être nouveau au terme de ces neuf mois dans la vie d'un homme, déjà père et prêt à accueillir cet être tout neuf : le nouveau-né !

Le père est impatient par moments de le tenir déjà dans ses bras, d'autant plus que sa compagne exprime sa lassitude : elle se déplace plus difficilement, elle se sent trop lourde, et surtout quelques angoisses affleurent, qui rejoignent celles du père, alimentant certains de ses fantasmes et de ses rêves. Il lui arrive d'interpréter lui-même la symbolique évidente de ses cauchemars, pour peu qu'on les écoute en consultation prénatale, en groupe de pères, entre amis. Comment s'en étonner ? Le volume du ventre maternel devient impressionnant et témoigne de la prise de poids de l'enfant. Positionné sous le diaphragme, souvent déjà la tête en bas, prêt à s'engager dans le haut du bassin en poussant sur ses petits pieds, il éveille chez le père des angoisses de blocage dans un tunnel, dans un labyrinthe, des images d'explosion et de morcellement. Comment ce sexe féminin pourra-t-il laisser passer un enfant si volumineux ? Comment éviter à sa compagne douleurs, déchirures, césarienne ? Cela ne va pas sans une culpabilité relative de l'avoir mise dans cet état, quand ce n'est pas sans une certaine identification à cette gestation fascinante, à laquelle il sait bien qu'il n'aura jamais accès. Cela ne va pas non plus sans identification à l'enfant, le sien et celui qu'il fut, et dont les traces sont réactivées par la naissance imminente.

Plus que jamais, c'est le moment de se replacer dans cette relation à trois si sécurisante, où le père accompagne l'enfant dans son droit d'être entré dans le ventre maternel pour en sortir un jour. Dès qu'il se sent être « ce fruit mûr » et pouvoir respirer à l'air libre, il rejoint le poète dans ce désir partagé de venir au monde : « Patience, patience, / Patience dans l'azur ! / Chaque atome de silence / Est la chance d'un fruit mûr ! »[1]. Plus que jamais, c'est le moment de savoir attendre, et surtout de donner à l'enfant le temps de son dernier mois de gestation.

Le placenta, gardien des horloges de la naissance

Dans notre société, de la vie intra-utérine à l'école « maternelle » – ô combien mal nommée parfois – tout nous pousse à ignorer le temps de l'enfant. Que dire du nouveau-né, ce passager clandestin de nos maternités qui ne figure toujours pas dans la comptabilité de la Sécurité sociale – scandale ignoré de bien des parents ! En maternité, tenir « compte » de lui contrarierait nos intérêts économiques, le management institutionnel des équipes, la rentabilité, les effectifs du personnel, les congés divers et variés, les décisions de déclenchements dits de convenance. Respecter le temps de l'enfant irait à l'encontre de l'intérêt des femmes, de leurs impératifs de carrière. Dans certains cas, on programme même l'accouchement une semaine avant le 1er janvier, non seulement pour préserver les fêtes de fin d'année, mais pour gagner une année de la scolarité de l'enfant en regard de l'Inspection d'académie ! On est tous pressés…

Certes, elle est enceinte jusqu'au cou, elle atteint l'apogée de son volume, elle est comblée, « en pleine forme ». Et son ventre arrondi mérite d'être immortalisé par des photos numérisées ! Elle aimerait que l'enfant ne soit plus une charge dans son ventre, mais un bébé dans ses bras. Elle voudrait être « délivrée »[2], allégée, soulagée. Pourtant, il serait dommageable, pour convenance socio-économique ou personnelle, de le priver de ses dernières semaines de vie fœtale.

En effet, au cours des trois dernières semaines, le placenta du petit de l'homme a cette capacité exclusive, que même les singes supérieurs n'ont pas, de pomper sélectivement dans la circulation maternelle utérine une quantité importante d'anticorps. Grâce à cette fonction placentaire protectrice, ces anticorps seront disponibles pour la défense immunitaire de l'enfant durant les premières semaines de vie, le faisant bénéficier des armes immunitaires ainsi produites pour lutter contre les affections microbiennes étrangères. Le lait maternel, y compris le colostrum de la première tétée, poursuivra cette tâche en transmettant jour après jour des anticorps maternels protecteurs.

On connaît la vulnérabilité des enfants prématurés : à moins de deux mille grammes ou avant trente-trois semaines de gestation, il n'y a que de faibles taux d'anticorps. Après la 38e semaine, les taux montent en flèche, et l'insuffisance d'anticorps qui entraînerait une forte fréquence d'infections – bronchiolites, bronchites, otites, rhinopharyngites – n'est plus à craindre. Pourquoi, obstétriciens, pédiatres, PMI, médias n'expliquent-ils pas aux parents l'importance de cette pompe placentaire qui fonctionne si intelligemment les dernières semaines ? Les Romains avaient un dieu, Terminus, qui était le gardien des bornes : les médecins auraient-ils le droit de dire à l'enfant : « Terminus, tout le monde descend ! », avant la fin d'une gestation où tout se passe bien ?

Mieux vaudrait faire confiance aux horloges du placenta, gardiennes du temps de la naissance. En effet, ayant atteint son poids optimal de 500 g, une surface de 15 m^2 si on le dépliait, et une longueur de son réseau capillaire de 50 km, le placenta ne peut plus continuer indéfiniment son développement ni répondre au besoin croissant de l'enfant en oxygène. Il en résulte cette sorte de programmation physiologique prénatale qui met en veilleuse certaines structures cérébrales. Elle inhibe alors partiellement la motricité de l'enfant, et le père partage alors l'inquiétude de sa compagne, mais il vérifie que l'enfant répond bien à son invitation : les voilà rassurés par leur enfant, d'autant que sage-femme et obstétricien leur expliquent les raisons de ce phénomène. Paradoxalement, c'est donc au moment où le placenta insuffle à l'enfant toutes ses réserves immunitaires qu'il atteint ses limites, et que son effacement commence. Parvenu à son terme, il nous offre avec les enveloppes un message à lire. À l'air libre, l'enfant abandonnera son parachute, mais la tradition ne s'y trompe pas, en disposant des voiles autour de son berceau, voiles qui le protègent encore. L'enfant se prendra en charge pour assumer lui-même les multiples fonctions, respiratoire, nutritionnelle et catabolique, de son compagnon des profondeurs. La coupure du cordon ombilical scellera cette séparation.

On comprend que certains pères embrassent amoureusement le nombril de leur compagne, chaque fois qu'ils en ont l'occasion : leur propre cordon ombilical a disparu depuis longtemps, mais ils en ont conservé le souvenir.

Le père peut comprendre qu'à la fatigue de sa compagne se mêlent des sentiments confus liés à l'anticipation d'un accouchement imminent : crainte du vide et de l'abandon, réactivations inconscientes des conditions de sa propre naissance et des premières séparations, crainte de ne pas être à la hauteur. C'est à lui de l'encourager, de lui rappeler l'importance de ces dernières semaines pour leur enfant, et de la rassurer : si le placenta disparaît à la naissance, le père, lui, reste présent !

Se préparer, ensemble, au passage

Et déjà, le père se pose la question : comment, « primipère », peut-il aider sa compagne à mettre au monde leur enfant ? On ne prétend plus, comme il y a trente ans, que le père n'est d'aucune utilité, ni qu'il n'y connaît rien, n'ayant pas d'expérience. De toute façon, pour peu que rien ne l'empêche d'accéder à ce vécu enfoui et fondateur de son existence, il a celle de sa propre vie prénatale, celle de sa naissance, et, tout aussi évidente, l'expérience des premiers échanges entre son père, sa mère et lui. Il pense souvent à la souffrance possible de sa compagne, primipare, quand l'enfant passera sa tête pour sortir du sexe maternel.

La préparation haptonomique l'aide à anticiper ce moment : puisqu'il est naturel qu'il soit là, il la tiendra tout d'abord dans ses bras, et, se plaçant derrière elle, il la soutiendra, la poitrine contre son dos. Il l'accompagnera ainsi jusqu'au bout, pour qu'elle vive une des expériences les plus bouleversantes qu'une femme puisse connaître, en se laissant traverser par la force irrésistible de l'enfantement. Le père, à cet instant, n'a pas besoin de voir ; il sent le moment où l'enfant, enfin, peut naître.

Combien de pères, avant lui, mis en situation de passivité, déniant ou cachant tant bien que mal leur anxiété, ne trouvaient rien de mieux à faire que de photographier, filmer, réduisant ce temps de la naissance à un « donné à voir », dans l'objectivation distante et technique des salles de travail. Le terme d'*expulsion*, nous le répétons, devrait être proscrit, car il est dangereux, laissant croire à la mère qu'elle doit contracter tout son corps pour faire sortir l'enfant. Il en résulte un périnée tendu, sans souplesse, que l'enfant ne peut franchir en douceur, et un père impuissant devant tant de souffrances ! Au terme de ce livre, l'impératif de la caméra et des photographies à prendre est devenu inconcevable : seul compte pour le père ce temps d'émerveillement, pour sentir, avec la mère et avec l'enfant, qu'il importe de l'inviter à naître en lui ouvrant le chemin de la vie. Encore faut-il que le père rencontre une sage-femme, un obstétricien, une équipe, un lieu qui sache l'encourager, donner confiance à leur couple, les « *narcissiser* » en les nourrissant de leur approbation.

L'haptonomie apportera une autre dimension : celle de la réponse de l'enfant à la plus légère invitation. Le père est ainsi intégré dans le trio familial lorsqu'une équipe est à l'écoute de toutes les questions qui se posent, anticipant, guidant, sachant rêver, avec eux trois, à cette naissance à venir. Comment le père peut-il inviter l'enfant à se déplacer dans le corps maternel et aider ainsi la mère à accompagner cette progression ? Pour un père qui doutait de l'utilité de son intervention, je lui avais proposé de se mettre à genoux sur un tapis, front contre terre. Il a pu sentir que ma main, posée en arrière sur sa base, au niveau des deux ischions, aidait sa tête à progresser en avant, sur le tapis, comme pour chercher un passage. Il comprit ainsi comment, en posant tendrement ses mains sur le ventre de sa compagne et au bas du dos de l'enfant, il le sécurisait et pouvait, au moment de sa naissance, l'aider à cheminer vers la sortie du ventre maternel.

La mère, quant à elle, peut se permettre de prendre, pour la mise au monde, la position la plus confortable et la plus sécurisante pour elle. Malheureusement, dans la majorité actuelle des maternités, elle doit rester allongée, couchée sur le dos, les pieds obligatoirement placés dans les étriers. Si trop de salles de travail ne rassurent pas les mères malgré leur haute technicité, c'est bien parce que ces dernières y sont obligatoirement couchées, le monitoring nécessitant la position sur le dos, ce qui est la plus mauvaise position, puisque l'enfant pèse en permanence sur la partie postérieure de l'utérus maternel. De plus, le donné à voir et à entendre permanent des appareils de contrôle renforce l'anxiété et les tensions de l'accouchement, tout en bloquant le ressenti émotionnel apaisant de la naissance. La télémétrie, qui permet d'éviter l'immobilisation de la mère et assure la liberté de ses mouvements, se répandra-t-elle dans nos maternités ?

Mais pourquoi continuer à nommer « maternité » ces lieux de naissance ? Pourquoi ne deviendraient-ils pas des « natalités », soucieuses d'accueillir affectivement les nouveau-nés avec leurs pères et leurs mères dans cette nouvelle étape de leur vie[3] ?

À la maternité… ou en natalité, avec le père !

De nos jours, les politiques de santé ne nous laissent guère espérer une humanisation des structures d'accueil du nouveau-né et de ses parents : on privilégie l'expansion d'immenses services conçus pour effectuer trois à quatre mille accouchements par an, au point que les professionnels eux-mêmes en parlent comme des « usines à bébés » ! Au nom d'une réelle amélioration des conditions de sécurité, et d'une hypothétique économie des coûts de fonctionnement, les séjours sont raccourcis pour un retour au domicile, au plus mauvais moment des décompensations hormonales et du *baby blues*. La continuité de la présence des professionnels référents connus, voire choisis par les parents, n'est plus assurée, et on favorise des séparations de confort mère-nouveau-né sans se soucier de perturber l'établissement des premières relations post-natales.

Par ailleurs, pourquoi la présence même des pères en salle de travail fait-elle encore problème dans certaines maternités, alors que partout où sa présence, bien préparée, est devenue une réalité, tous reconnaissent qu'il apporte apaisement, appui, confiance et aide face à la douleur et l'angoisse ? Pourquoi, en ce cas, faire appel à des « doula », terme inspiré par l'expérience de ces femmes qui, dans les sociétés traditionnelles, soutiennent, tiennent la main des mères au moment de l'accouchement, et dont on s'inspire çà et là aujourd'hui en France pour un accompagnement non médical du couple jusqu'à la naissance ?

À la fin de ce neuvième mois, le père ne se pose plus la question de ce qu'il devra faire : il sait que, tout simplement, il lui reviendra de tenir la main de sa compagne, d'être « avec » elle et leur enfant. Ce n'est pas un acte médical pris en charge et remboursé par la Sécurité sociale, c'est le minimum exigible d'une relation humaine dans un monde affectif, et sensé !

Dès lors que l'importance de la vie affective prénatale est devenue une évidence, des lieux de vie et d'accueil des parents et des familles devraient se multiplier, proches de toutes les natalités dignes de ce nom, à l'instar déjà de certaines innovations[4], ou de notre première « Maison Verte ». Toute personne concernée par l'arrivée de cet enfant pourrait venir parler, lire, s'informer avec d'autres parents, sortir de son isolement. Certains pourraient même dépasser la transmission intergénérationnelle des malheurs et des séparations, si prégnante dans ce moment de vie, pour peu qu'ils y rencontrent des accueillants formés à l'écoute de ces souffrances[5].

Encore faudrait-il revisiter cette mémoire enfouie en chacun de nous pour que la naissance ne soit plus marquée par un âge réduit à zéro…

Vous avez dit « zéro » jour : l'amnésie infantile à l'œuvre !

L'enfant, pour naître, quitte la sécurité du séjour dans l'utérus pour vivre à l'air libre, en affrontant les dangers d'un monde où il doit assumer sa propre respiration. Il s'y prépare depuis longtemps, et nous l'avons si bien suivi de mois en mois qu'il nous paraît incroyable qu'on puisse encore dire de la naissance qu'elle est le début de la vie, tout en lui attribuant un zéro en âge ! Pire : des carnets de santé officiels, des livrets publicitaires se voulant mode d'emploi et vantant les mérites de toutes sortes de produits s'imposent à la sortie de la maternité sous des titres qui en disent long : *Votre bébé de 0 à 4 mois ; l'enfant, de zéro à 3 ans !*

Quelle sécurité de base peut-on donner *vraiment* à un nouveau-né dont on pense qu'il est à zéro jour de vie ! Un accueil aussi mensonger est une atteinte à l'éthique la plus élémentaire, celle qui devrait reconnaître tout ce que l'enfant apporte de ces neufs mois de vie intra-utérine lorsqu'il vient dans vos bras. Mensonge ou déni ? Refus de l'évidence, ou refoulé d'un vécu de naissance trop enfoui dans l'inconscient, en raison d'une amnésie infantile à l'œuvre en chacun de nous, constamment et à notre *insu* ? Pourquoi n'explique-t-on pas à tout parent, à tout adulte travaillant autour de la naissance la découverte fondamentale de Freud, à savoir « ce curieux phénomène d'amnésie, qui, pour la plupart des individus, sinon pour tous, couvre d'un voile épais les six ou huit premières années de leur vie [...] »[6]. Il n'en est pas moins vrai que « *cette mémoire de l'oubli qu'est l'inconscient* », selon Lacan, opère toujours en nous.

Faut-il rester, en ce début du troisième millénaire, dans cette fatalité d'un refoulement qui nous empêche d'être avec le nouveau-né dans un accueil affectif sécurisant, respectant le continuum entre sa vie intra-utérine et son immense pluri-sensorialité émotionnelle à la naissance ? Le concept de sécurité de base s'inscrit dans ce registre. Il s'inspire, comme le *care* anglais[7], du latin « *curare* », « prendre soin de », et de « *se curus* », « *sine cura* », « sans souci ». Libre de tout souci, comme se trouve votre enfant lorsqu'il a intériorisé la fonction protectrice parentale, qui prend sa source, à tout moment, dans cette relation ternaire heureuse des premiers ressentis de l'enfant. Mais pourquoi parler de sécurité de *base* ?

Mesures sécuritaires... ou sécurité affective ?

Sécuritaire[8] ! Dans un contexte politique et social qui tend à privilégier les problèmes de sécurité *publique*, selon une idéologie distillée à des fins électorales, comment donner à la sécurité *affective* la place qui lui revient ? Le concept de « sécurité de base » nous a accompagnés tout au long de ce livre : il mérite qu'on s'y attarde ici, car il implique une continuité essentielle entre la vie prénatale et post-natale, fondement de la confiance en soi tout au long de l'existence.

On pourrait la comparer à la germination d'une plante qui s'enracine, ou à la construction d'une pyramide qui s'élève à partir des pierres du bas avant de placer celles du sommet. De même, la colonne vertébrale repose sur la solidité du bassin, là où nos vertèbres se sont soudées pour donner le « sacrum ». Nous retrouvons ici Frans Veldman lorsqu'il nous parle de l'affermissement existentiel de la vie fœtale – confirmation affective de la sécurité de base.

Alors que les progrès des pratiques obstétricales sont mis à la disposition de tous, faut-il confondre la sécurité affective et les dérives sécuritaires qui s'alimentent aujourd'hui, à travers toutes sortes de décrets et de lois, à un sécuritarisme de plus en plus dénoncé dans le domaine de l'enfance, de la famille et de la santé[9] ? Faut-il que des parents se laissent entraîner dans la multiplication d'interventions intrusives inutiles, césariennes et autres accouchements déclenchés pour convenances personnelles, ou de service, voire dans un souci de rentabilité ou de rapidité ?

Cependant, le temps mystérieux de l'accouchement et de la naissance relève d'une tout autre considération…

Neuvième rencontre avec l'obstétricien

Restent une dernière mise au point, une ultime vérification de l'état général et de l'évolution de la grossesse, de son terme approximatif en fonction de l'examen et de l'échographie. Les examens de laboratoires sont analysés et commentés, le compte rendu de la consultation de l'anesthésiste vérifié. Au neuvième mois, une répétition générale n'est pas inutile !

La huitième séance d'haptonomie : la confiance renouvelée

Avec les parents, nous nous consacrons aux dernières vérifications de la position du bébé, à leur contact apaisant avec lui. Avec le poupon, le père continue de se familiariser à l'apprentissage du port de l'enfant dans ses bras, en soutenant toujours sa base : comment le passer de l'un à l'autre en plaçant la main sous ses petites fesses, et jamais sous les bras comme on le voit encore, hélas, si souvent.

Des conseils sont donnés pour un allaitement bien vécu, avec les positions et les recommandations adéquates. Si la question d'une césarienne est à nouveau évoquée, on souligne qu'avoir recours à la chirurgie pour la sécurité de l'enfant n'est pas un échec. On anticipe la déculpabilisation nécessaire : l'haptonomie n'est pas un passeport pour un accouchement normal, parfait, eutocique, mais une aide essentielle pour que tout se passe au mieux, quelles que soient les éventualités et difficultés rencontrées. Une inquiétude peut émerger : « Qu'arriverait-il si, au moment de sa sortie du ventre maternel, la santé de l'enfant faisait problème ? » Il est important alors d'interroger les parents sur ce qui s'est passé au moment de leur propre naissance. On peut témoigner aujourd'hui, monitorages à l'appui, que des situations étiquetées comme « souffrance fœtale » ont été améliorées par la présence et le contact haptonomiques.

Il importe enfin de rappeler combien les séances post-natales seront bénéfiques si découragement et sentiment d'abandon s'inscrivent insidieusement au retour au domicile, issus de revécus de la prime enfance de la mère ou du père, mêlés à l'angoisse de leurs propres parents. La nécessité de la disponibilité post-natale des thérapeutes dans cette période sensible est évidente, et tout peut être évoqué : rêves et cauchemars, tensions dans l'environnement familial, appui possible des personnes accompagnant le retour en famille. La conversation libre dès les premières séances s'est avérée primordiale pour inscrire cet accompagnement dans la durée. Il a fallu prendre le temps de l'écoute et être vigilant au moindre signal évoquant une difficulté : dans cette huitième séance, au neuvième mois, chacune en recueille les fruits. Le thérapeute que doit être tout obstétricien, en se manifestant par sa présence, sa transparence et sa prudence, étonnera peut-être au début le père, fragilisé par cette magnifique mais étonnante aventure. Le mettre en relation haptonomique avec son enfant a fait de ce temps de la grossesse et de la mise au monde une expérience privilégiée et quelque peu magique, où le savoir obstétrical ne doit jamais étouffer la tendresse, l'émotion, la sensualité. Il arrive exceptionnellement que la présence et la parole de l'obstétricien donnent à l'enfant l'envie de vivre, comme le montre le cas ci-dessous.

Entre l'obstétricien et l'enfant : une parole de vie

Selon l'obstétricien, la sécurisation obtenue grâce à l'haptonomie permet à la mère de mieux recevoir la violence des contractions utérines. L'état de non-vulnérabilité acquis génère étonnement et bien-être, le visage serein et souriant signant le contrôle de la situation. On en constate les effets sur une meilleure capacité placentaire aux échanges fœto-maternels, une synergie entre le diaphragme pelvien et le diaphragme thoracique avec une harmonie du souffle, une meilleure oxygénation du muscle utérin et, au final, une contraction utérine plus efficace et moins violente, perçue de façon moins douloureuse. Tout ce qui avait été espéré et anticipé dans les séances prénatales vient de se réaliser, ce qui ne devrait pas nous étonner : les effets psychologiques et physiologiques de l'haptonomie sont maintenant largement démontrés.

Ils prennent parfois des chemins inattendus, comme l'illustre ce moment inoubliable d'un accouchement difficile, l'état de l'enfant étant inquiétant. Placé sur la table de réanimation, non loin du lit d'accouchement mais séparé par une cloison, il fut aussitôt oxygéné au masque par l'anesthésiste présente. L'enfant, peu réactif, présentait une coloration cutanée rose, mais gardait les yeux fermés. La sage-femme, qui se tenait auprès de l'anesthésiste, commença un massage cardiaque, tandis qu'après m'être assuré que la mère ne saignait pas, je demandais à l'anesthésiste de cesser un instant la ventilation au masque pour me pencher sur cet enfant et lui parler.

Je l'ai alors tenu dans mes bras avec tendresse : « Mon petit chéri, tu vas bien venir avec nous... Respire tout seul. Tu ne vas pas partir et nous faire cela ! » L'enfant ouvrit un œil, puis l'autre et il se passa un moment magique de croisement de nos regards que je n'ai jamais oublié; il se mit à respirer tout seul spontanément. Le lendemain, en faisant ma visite dans la chambre de la mère, j'ai pris cet enfant dans mes bras et quand je lui ai dit « bonjour » tout bas, j'ai retrouvé ce regard complice de la veille. Le père, présent, était étonné et même fasciné par cette relation établie avec le nouveau-né, relation à laquelle il s'identifia aussitôt, pour me confirmer quelques jours plus tard l'intensité du regard « communiquant » de son enfant.

Tout est prêt pour l'accouchement

Que l'accouchement soit une épreuve, physique, sensorielle et émotionnelle, qui pourrait en douter ! C'est aussi une épreuve initiatique, qui engendre la vie et implique notre propre existence. Initiatique parce qu'elle entraîne changement de statut de tous les acteurs : la mère passe du statut de femme à celui de mère, l'homme devient un père, et le fœtus *in utero* un enfant qui va naître et respirer à l'air libre. Quel rite de passage pour chacun des trois acteurs de la naissance !

Les contractions arrivent, entraînant souvent la fissure ou l'ouverture de la poche des eaux, plutôt que sa « rupture » : il faut donc aller à la maternité ! Si ce début de processus commence dans la journée, il faut en avertir le père pour qu'il puisse accompagner sa compagne ou la rejoindre à la maternité. L'arrivée est le moment-clé qui annonce le début de l'aventure.

L'accueil par la sage-femme est très important, déterminant même, car une femme souriante qui ouvre ses bras pour vous accueillir, vous embrasser, c'est la certitude d'avoir rencontré une bonne fée, une bonne mère, cette image maternelle protectrice dont toute femme rêve et qui va lui permettre d'être rassurée. Touchés d'emblée par cet accueil et dans ce climat de bien-traitance, les parents investissent ce nouvel espace, et l'intègrent affectivement : la confiance étant établie, le premier examen fait le point sur l'évolution du travail.

Il va être temps de passer en salle de naissance et de mettre en jeu tout ce qui avait été anticipé dans les dernières séances. Sans jamais cesser de se centrer sur leur enfant, les deux parents vont s'imprégner de la pièce, s'y prolonger, intégrer le mobilier, le matériel médical, le personnel soignant et la sage-femme. Se savoir aimé et accepté d'eux engendre sentiment de sécurité et bien-être. En témoigne cette troisième grossesse, après un premier enfant décédé. Tout se déroule normalement, mais, avant la naissance, nous sommes confrontés à des contractions importantes et très douloureuses, avec décélérations notables du rythme cardiaque fœtal alors que la dilatation stagne à trois centimètres. Un contact haptonomique a débuté à ce moment-là et, dans les minutes qui ont suivi, le rythme s'est ralenti et stabilisé, pour revenir à la normale, ce qu'a confirmé le monitorage. Les contractions n'étaient plus ressenties douloureusement. La patiente, détendue et souriante, donne naissance à un garçon en bonne santé de 3750 g : Louis était né sans difficulté aucune, une heure après ! L'accueil en salle de naissance y a joué un rôle fondamental, dans le respect de l'« être ensemble » – père-mère-enfant –, qui leur a permis de lever les différents verrous protecteurs de la grossesse, avec lesquels ils avaient été familiarisés.

Donnons-leur la parole :

> Le jour de la naissance de Louis, le Dr Belaiche a posé ses mains sur mon ventre, la sage-femme avait les siennes sur mes jambes et contrôlait de temps en temps la dilatation. Michel me donnait la main. J'ai dû alors me prolonger totalement dans chacun de ces trois êtres pour qui j'avais respectivement de l'estime, de la sympathie et de l'amour, et qui mettaient visiblement beaucoup d'eux-mêmes pour m'aider. Mon confort psychologique était optimal et la douleur totalement absente. Je ressentais évidemment la violence des contractions, mais elles devenaient une pression de la chair de mon enfant contre la mienne, qui était un réel plaisir. Je sentais son cheminement en moi de façon très forte, mais le mot douleur n'a rien à voir dans cette sensation en ce qu'il comporte de péjoratif. Je vais faire une analogie très claire au risque de choquer, mais dans le but de me faire comprendre : parle-t-on de douleur lorsque certaines étreintes sont très fortes ou lorsque les

pulsions de l'acte d'amour sont dans certaines phases violentes ? La détente et le bien-être entre chacune des contractions, jusqu'aux dernières, étaient tels que je m'imposais de l'avouer à mon entourage. La naissance de Louis a été très rapide et tout aussi agréable que pour ses frère et sœur. Je conclurai en disant que j'ai le sentiment d'avoir eu de la chance de pouvoir pleinement savourer ce fabuleux moment qu'est la naissance de son enfant, de pouvoir vivre sans la douleur et dans l'euphorie cet événement. Le secret ne serait-il pas de se dire que l'accouchement est aussi un acte d'amour et qu'il ne faut donc pas le subir, mais au contraire y participer le plus et le mieux possible pour le rendre très agréable ?

Et « ce n'est peut-être pas un hasard si dans la langue française, *bien naître* et *bien-être* s'entendent de la même façon »[10] !

10

Il est temps de naître

« Je pense à une main calmement posée,
en laquelle se rassemble un toucher qui demeure infiniment
loin de tout palper, et qui ne peut même plus être appelé
un geste, au sens où je crois comprendre ce mot
dans l'usage qu'en fait votre langue ».
Heidegger, *Acheminement vers la parole.*

Le temps, selon le proverbe africain, méprise et se venge de ce qui se fait sans lui ! Laissons à la maturation et au vieillissement programmé du placenta, qui ne suffit plus aux besoins de l'enfant en oxygène, la tâche de laisser l'organisme se préparer à l'aventure de la naissance. Est-ce l'enfant qui abandonne son nid, ou la mère qui l'invite à partir ? Nous n'en sommes plus aux conceptions lunaires d'Hippocrate où, à chaque pleine lune, l'enfant attiré par elle, voulait sortir ! Mais alors ? Trop chaud, besoin d'oxygène, mais surtout plus assez de place : il devient impératif de sortir. De son côté, la mère sécrète l'ocytocine hypophysaire qui assure la mise en jeu des contractions utérines. Nul ne sait avec certitude ce que va durer le temps de la grossesse pour telle femme, et pour tel enfant : nous n'avons que des données statistiques.

Votre compagne vous alerte : les contractions utérines se rapprochent, s'intensifient, plus longues, plus fortes, plus soutenues. Vous embarquez dans l'aventure de la parentalité. Elle a mis, dans sa valise, les vêtements de l'enfant, sa chemise de nuit, sa robe pour le retour à la maison : elle est prête, et votre enfant, lui aussi, ne demande qu'à venir au grand jour vivre avec vous, pour votre plus grand bonheur. Vous voulez maintenant le tenir dans vos bras, puis le soutenir sur votre main pour l'ouvrir au monde, bien porté, bien portant.

Encore un peu de patience : il va naître ! On le dira nouveau-né : nouvellement né et non pas « né de nouveau ». Neuf mois, un être neuf, et cependant le même. Une minute avant de se séparer d'un monde liquide pour passer à un autre, à l'air libre, une minute après, c'est le même être qui va intégrer, utiliser ses acquis antérieurs pour vivre son présent autrement. Continuité et différence, le même et l'autre, c'est ce qui fonde toute notre vie. Ainsi, le passage n'aura pas cette connotation traumatique que l'on observe si souvent lorsque le nouveau-né, assailli de stimulations et de sensations nouvelles, voire douloureuses, tombe dans des mains apparemment diligentes, mais surtout pressées. Ces gestes porteurs de stress aggravent ses trémulations et ses pleurs, qui en témoigneraient cruellement pour peu qu'on accepte de les reconnaître, d'y répondre en priorité, et de l'en consoler. Pour certains nouveau-nés mal accueillis, même s'ils avaient été protégés au moment de leur naissance par des décharges hormonales apaisantes : oui, on peut parler du traumatisme de la naissance, d'une réelle épreuve, d'une chute dans le vide affectif. Pour notre petit voyageur, il n'en sera rien : son père est là depuis neuf mois !

On est loin de l'époque, pourtant bien récente, où tant de pères, empêchés d'être affectivement présents avec l'enfant et sa compagne, en étaient réduits à s'occuper comme ils pouvaient : en photographiant, en filmant, ils mettaient un appareil, une caméra, un tiers « objectif » qui les protégeait d'une émotion dont on leur disait qu'ils ne pourraient la surmonter ! Si, déjà père avant la naissance, il a pris dès la conception « sa » place auprès de sa compagne, s'il s'est préparé à la tenir tendrement dans ses bras au terme de ces neuf mois, il l'accompagnera jusqu'au bout, il l'aidera à enfanter et à se laisser traverser par la force irrépressible de la vie. Il l'a si souvent aidée à sentir l'ouverture de sa base qu'il éprouve tout naturellement le fait qu'elle invite à présent l'enfant à descendre à travers sa filière vaginale, et il sent le moment où l'enfant, enfin, peut naître.

Le père n'ignore plus que l'enfant est actif dans cette progression, et que la mère sent qu'il cherche le passage : elle l'aide à s'orienter, à s'engager. Dans les dernières séances d'haptonomie, ils ont appris qu'il suffisait de stimuler légèrement la base de l'enfant pour que sa tête cherche ce passage. En lui facilitant l'appui de ses pieds sur l'utérus qui se contracte, en même temps que le périnée l'invite à progresser, le réflexe de naissance apparaît.

Le père l'appelle, l'invite à venir au monde, attendant avec confiance cette parole vivante qu'est l'enfant. Comme l'écrivait Heidegger, en exergue de ce dernier chapitre : « [...] cette main est traversée et portée par un appel qui vient à elle de très loin, tout en l'appelant à aller encore plus loin, depuis le calme silence de la paix » : une main paternelle qui porte l'appel de la vie. Prêt à accueillir son enfant, le père peut venir, s'il le souhaite, près de la sage-femme ou de l'obstétricien pour le recevoir et le poser sur le ventre maternel : on est ensemble, on naît ensemble...

Dès que la sage-femme a terminé les soins à l'enfant tout à côté de son père, et l'a habillé, elle le lui confie. Il le tient avec émotion dans ses bras, et retrouve les gestes appris dont il a rêvé si souvent : il place une main sous les petites fesses de son enfant, l'autre soutenant le ventre, il se prolonge en lui jusqu'à son visage. Un petit baiser, des mots tendres chuchotés... Il le redresse, lui faisant sentir le bonheur de sa verticalité, face à sa mère qui lui sourit, puis c'est l'ouverture aux autres et au monde.

Encore quelques moments de soins pour la mère et l'enfant, et tous trois vont apprécier le calme et l'intimité de leur chambre, durant quelques jours – parfois moins ! Il reviendra au père la tâche un peu difficile de faire respecter ce calme, le repos de sa compagne et de leur enfant, et de canaliser le trop-plein d'éventuels visiteurs ! Il lui reviendra aussi d'organiser au mieux le retour à la maison...

Vous pouvez refermer ce livre. Prenez tous les deux votre enfant dans vos bras. Il est entré dans son dixième mois. Alors, reprenez en chœur la chanson des petites cerises : « Dix, onze, douze, elles seront toutes rouges ! » et l'enfant la reconnaîtra. Avec ses petites mains qui dansent devant ses yeux, il invitera à son tour, bientôt, les petites cerises à rentrer dans la ronde universelle des « petites marionnettes » : avec la vie, le monde lui est donné...

Notes

Introduction. Pourquoi ce livre ? (Pages 5-7)

1. This B. (1980 et 1994), *Le Père : acte de naissance*, Le Seuil, et *Neuf mois dans la vie d'un homme*, InterÉditions.
2. Leboyer F. (1974), *Pour une naissance sans violence*, Le Seuil.
3. This B. (1960), *La psychanalyse, science de l'homme en devenir*, Casterman.
4. This B. (1977), *Naître... et sourire : les cris de la naissance*, Aubier-Montaigne.
5. Collection « Les cahiers du nouveau-né » chez Stock : *Naître... et ensuite ?*, n° 1-2 ; *D'amour et de lait...*, n° 3, ; *Corps de mère, corps d'enfant*, n° 4 ; *L'aube des sens*, n° 5 ; *Un enfant, prématurément*, n° 6 ; *Origines*, n° 7 ; *Délivrances ou le placenta dévoilé*, n° 8, 1978-1990.
6. Premières rencontres avec Frans Veldman, *Présence haptonomique*, n° 9, CIRDH, mars 2011.
7. Decant-Paoli D. (2003), *L'haptonomie*, PUF, coll. « Que-sais-je ? ».
8. This B. (2007), « Le GRENN : un même rêve pour un autre destin », dans *La Maison Verte*, Belin, p. 34-36.
9. Veldman F. (1989), *Haptonomie, science de l'affectivité*, PUF.
10. Dolto C., « Un bébé a besoin d'être humanisé », *Union sociale*, n° 237, mai 2010.
11. Bernard This a rédigé la partie psychanalytique et Raymond Belaiche les développements consacrés à l'obstétrique et l'haptonomie.

1. Première rencontre (Pages 9-20)

1. This B. (2007), « La destitution de nos savoirs : un "tiers-médiateur" insolite », dans *La Maison Verte. Créer des lieux d'accueil,* Belin, p. 152.
2. Chaouat G. (1989), « Le placenta, un paradoxe immunologique : l'allogreffe fœtale », dans A. Bouchart, D. Rapoport, B. This (dir.), *Délivrances, ou le placenta dévoilé,* Stock, coll. « Les cahiers du nouveau-né », n° 8, pp. 99-105.
3. Bouchart A., Rapoport D., This B., dir. (1989), *Délivrances, ou le placenta dévoilé, op. cit.*
4. Hormone secrétée par l'œuf dont la présence dans le sang maternel signe la grossesse.
5. La progestérone est une hormone secrétée par le corps jaune, après l'ovulation ou pendant la grossesse, et par le placenta.
6. Freud S. (1989), *Trois essais sur la théorie sexuelle,* Gallimard, coll. « Folio. Essais ».
7. Freud S. (1992), *Le mot d'esprit et sa relation avec l'inconscient,* Gallimard, coll. « Folio. Essais ».
8. Freud S. (2006), *Dora : fragments d'une analyse d'hystérie,* PUF, coll. « Quadrige ».
9. Surani A. (1990), *Genomic Imprinting, Frontiers in Molecular Biology,* Company of Biologists.
10. Busnel M.-C., Molin D., *Comportement « maternel » chez la souris mâle,* Laboratoire de physiologie acoustique, Jouy-en-Josas, INRA.
11. Gamète femelle qui n'est pas encore arrivé à maturité.
12. Examen endoscopique de la cavité abdominale.
13. Cellule reproductrice sexuée, qui possède la moitié des chromosomes des autres cellules de l'organisme et qui, en s'unissant à une cellule reproductrice de sexe opposé, forme l'œuf ou zygote.
14. Inflammation d'une ou des deux trompes de l'utérus.
15. Saillies filiformes qui donnent un aspect velu à certaines surfaces.
16. Liquide contenu dans l'amnios, annexe embryonnaire qui enveloppe l'embryon.
17. Belaiche R. (1989), « L'objet du crime ? », dans Bouchart A., Rapoport D., This B. (dir.), *Délivrances, ou le placenta dévoilé, op. cit.*, p. 167.

2. Deuxième rencontre (Pages 21-39)

1. This B. (2007), « L'irruption du "transgénérationnel" », dans La *Maison Verte*, p. 93-100.
2. Israël J., Rapoport D., dir. (2011), *Spirale*, n° 57, « L'aube des sens, une révolution inachevée », Erès.
3. Magre S., Gruszow S., Vigier B. (2001), « La différenciation sexuelle », *La Recherche*, HS n° 6, p. 36.
4. Stade de l'embryon entre le cinquième et le septième jour après la fécondation (pénétration du spermatozoïde dans l'ovocyte). Ce stade est celui de l'implantation de l'œuf fécondé dans la paroi utérine.
5. Cellules provenant des premières divisions de l'œuf fécondé.
6. Rapoport D. (dir.), *Enfance Majuscule*, n° 116, n° 117, « Les temps de la naissance, 9 mois avant, 9 mois après : quelle continuité ? », janvier-février et mars-avril 2011.
7. Huret J.-C. (2010), *Le couple, les parents, les enfants. L'haptonomie : un chant d'amour*, Éditions Persée.
8. This B. (1980), « La couvade », dans *Le Père : acte de naissance*, Le Seuil, p. 175.
9. Société d'histoire de la naissance, 157 rue Arthur Honegger, 60100 Creil.
10. Pétroff E. (2002), *Carnets d'une obstétricienne*, Albin Michel.
11. Marinopoulos S., Nisand I. (2011), *Elles accouchent et ne sont pas enceintes*, LLL Éditions.
12. Prélèvement par ponction du liquide amniotique, pour dépister les maladies du fœtus.

3. Troisième rencontre (Pages 41-59)

1. Rapoport D. (1980-96), (textes rassemblés par), *Corps de mère, corps d'enfants*, Stock, « Les cahiers du nouveau-né », n° 4, p. 159.
2. This B. (2001), « La femme horizontale », dans *Corps de mère, corps d'enfant*, *op. cit.*, p. 159-190.
3. Goldberg A., « Là où tout commence : l'apport de l'haptonomie à la compréhension du continuum pré- et postnatal », *Enfance Majuscule*, n° 116, « Les temps de la naissance, 9 mois avant, 9 mois après : quelle continuité ? », janvier-février 2011, p. 11-17.
4. Herbinet E., Dolto F., Girodet D. *et al.* (1978), *Naître… et ensuite ?*, Paris, Stock, coll. « Les cahiers du nouveau-né », n° 1-2.

5. Rapoport D. (2006), « Les compétences du nouveau-né : vous dites encore "zéro" ? », dans *La bien-traitance envers l'enfant. Des racines et des ailes*, Belin, p. 40-43.
6. Bessis R. (1991), *Tout sur l'échographie de la grossesse*, Stock/L. Pernoud.
7. Ondes de contractions musculaires de l'intestin, qui se propagent de proche en proche et font avancer le contenu de l'organe.
8. This B., « La bien-traitance, main... tenant », *Enfance majuscule*, n° spécial, 88-89, « La bien-traitance interrogée : naître, grandir, se construire », août 2006.
9. This B. (1980), *Le Père : acte de naissance*, Le Seuil.
10. This B. (2007), « Gabriel, enfant-symptôme », dans *La Maison Verte*, Belin, p. 50-52.
11. Conduit par lequel l'ovule ou ovocyte quitte l'ovaire.
12. Pernoud L. (2011), *J'attends un enfant*, Éd. Horay.

4. Quatrième rencontre (Pages 61-81)

1. Ocelot M. (1999), *Kirikou et la sorcière*, Hachette Jeunesse.
2. Platon (1967), *Le Théétète*, Garnier/Flammarion.
3. Roth E. et Knezovic-Daniel N., « Accoucher dans une "usine à bébés" ? », *Spirale*, n° 54, « Lieux de naissance », juin 2010, p. 113-126.
4. Birman C. (2003), « Les hommes à l'accouchement », dans *Au monde, ce qu'accoucher veut dire : une sage-femme raconte*, Éditions La Martinière, p. 316-331.
5. Centre International de recherche et de développement de l'haptonomie (CIRDH), 9 bis villa du Bel Air, 75012 Paris.
6. D. Rapoport (2006), « En passant par la psychanalyse : pour un enseignement de l'amnésie infantile », dans *La bien-traitance envers l'enfant. Des racines et des ailes*, Belin, p. 123-148.
7. Sallez H., This B. (2005), *Tous jaloux ? Lorsqu'un autre enfant paraît*, Belin.
8. Clerget J. (2008), *Comment un petit garçon devient-il un papa ?*, Erès.
9. Le losange de Michaelis est un losange régulier de la région lombo-sacrée à grand axe vertical, délimité par le bas du sillon lombaire en haut, les deux fossettes sacro-iliaques latéralement et le sommet du sillon inter-fessier en bas.

5. Cinquième rencontre (Pages 82-103)

1. Lacan J. (2004), « Les cinq formes de l'objet petit a », dans *Séminaire, livre X, L'angoisse*, Le Seuil, p. 320.
2. This B. (1972), *Naître*, Aubier-Montaigne, p. 171.
3. Feïjoo J. (1981), « Le fœtus, Pierre et le loup... », entretien avec Herbinet E., Busnel M.-C. (dir.), *L'aube des sens*, Stock, p. 199-212.
4. Aucher M.-L. (1987), *En corps chanté*, Hommes et groupes éd.
5. Busnel M.-C., « L'aube des sens aujourd'hui », *Enfance Majuscule*, n° 116, « Les temps de la naissance, 9 mois avant, 9 mois après : quelle continuité ? », janvier-février 2011, p. 6-10.
6. Lacan J. (1953), « Discours de Rome », dans *Autres Écrits*, Le Seuil.
7. Israël J., « "Enfin père" après la naissance », *Enfance majuscule*, n° 117, « Les temps de la naissance, 9 mois avant, 9 mois après : quelle continuité ? », mars-avril 2011, p. 5-12.
8. Voir This B., *Le Père : acte de naissance*, *op. cit.*
9. This B. (2007), « De Narcisse à Kirikou », dans *La Maison Verte*, Belin, p. 118-122.
10. Bencheikh J.-E., trad. (1988), *Le voyage nocturne de Mahomet*, Imprimerie nationale, p. 65.
11. Clerget J. (1997), *La main de l'autre*, Érès.
12. Frydman R., Flis-Trèves M. (1997), *Mourir avant de n'être*, Odile Jacob.
13. Pernoud L. (2011), *J'attends un enfant*, Ed. Horay.

6. Sixième rencontre (Pages 105-129)

1. This B. (1994), *Neuf mois dans la vie d'un homme*, Inter Éditions.
2. Obaldia R. de (1998), *La Passion d'Émile*, Grasset.
3. Fresco O. (2006), *Entendre la douleur du nouveau-né en maternité. Aux confins de l'oubli*, Belin.
4. This B., *Naître*, Aubier-Montaigne, *op. cit.*
5. Hormone élaborée par l'hypophyse qui provoque la contraction de l'utérus au cours de l'accouchement.
6. D. Rapoport, « En passant par la maternité : première rencontre avec la bien-traitance ? », *La bien-traitance envers l'enfant*, *op. cit.*, p. 33

7. Septième rencontre (Pages 131-145)

1. B. This (1978), « Le père, le bain… le bambin », dans *Naître… et ensuite, op. cit.*, p. 164.
2. Brazelton T. B. (1990), *La naissance d'une famille ou comment se tissent les liens*, Stock.
3. This B. (2007), « Les noms du Père et la cause de l'inconscient », dans *La Maison Verte*, Belin, p. 112-115.

8. Huitième rencontre (Pages 147-168)

1. Freud S. (2005), *Inhibition, symptôme et angoisse*, PUF, coll. « Quadrige ».
2. This B. (1980), *Le Père : acte de naissance, op. cit.*
3. Trioulaire C., « Accueillir en crèche l'enfant et le couple parental, ou du bon usage de la Prestation de service unique (PSU) », *Enfance majuscule*, 87-88-89, « La bien-traitance interrogée », août 2006, p. 78-79. Voir aussi le Collectif Pas de bébé à la consigne : http://www.pasdebebealaconsigne.com.
4. Ben Soussan P. (2000), *La grossesse n'est pas une maladie*, Syros.
5. Le Collectif « Pas de zéro de conduite », *Enfants turbulents : l'enfer est-il pavé de bonnes intentions ?* Erès, 2011 et www.pasde0deconduite.org/
6. Busnel M.-C., « Un garçon, puis une fille » (Postface), *Spirale*, n° 57, Israël J. et Rapoport D. (dir.), « L'aube des sens 1, une révolution inachevée », Erès, mars 2011.
7. Choppy É., Lotthé-Covo H. (2006), *Petit manuel à l'usage des grands-parents qui prennent leur rôle à cœur*, Albin Michel.
8. Didierjean-Jouveau C.-Z. (2010), *Le nouvel art d'être grands-parents*, Éd. L'Instant présent.
9. Diatkine R. (2004), *Langages et activités psychiques de l'enfant avec René Diatkine*, Éditions du Papyrus.
10. Rapoport D. (2000), « Lorsque parler ne veut pas dire », *Spirale*, n° 6, « Madame Dolto » (dossier coordonné par F. Authier-Roux), Erès, p. 55-61.
11. This B. (2007), « "Socialisation" sur ordonnance… ou plaisir de rencontrer l'autre ? », dans *La Maison Verte, op. cit.*, p. 115-118. Voir aussi Mauvais P., « Socialisation précoce et accueil du très jeune enfant en collectivité », *Devenir*, 2003/3, Vol. 15, p. 279-288.

12. Didierjean-Jouveau C.-Z., « De la succion intra-utérine à l'allaitement au sein : la continuité respectée... », *Métiers de la petite enfance*, n° 176, septembre 2011.

9. Neuvième rencontre (Pages 169-186)

1. Valéry P. (1960), « Palmes », dans *Œuvres*, t. I, Gallimard, coll. « Bibliothèque de la Pléiade ».
2. Bouchart A., Rapoport D., This B., dir., (1989), *Délivrances ou le placenta dévoilé...*, Stock, coll. « Les cahiers du nouveau-né », n° 8.
3. Association Spirale, « Bien-traiter la grossesse et la naissance », dans *États générEux pour l'enfance*, Cahier de doléances pour eux, Éditions Pétra, 2010, p. 23.
4. Piéjus M., « Du concept de "Maison de naissance" à l'expérience de l'équipe du CALM (Comme à la maison) », *Enfance Majuscule*, n° 116, « Les temps de la naissance, 9 mois avant, 9 mois après : quelle continuité ? », janvier-février 2011, p. 24-26.
5. This B. (2007), « Indispensable, le psychanalyste ? », dans *La Maison Verte, op. cit.*, p. 57.
6. Freud S. (1905), *Trois essais sur la théorie de la sexualité*, Gallimard, 1962.
7. Paperman P., Elaugier S. (2006), *Le souci des autres. Éthique et politique du* care, Éd. de l'EHESS.
8. *Le petit Robert* (1996), page 2062.
9. États générEux pour l'enfance, *Cahier de doléances pour eux*, http://etatsgenereuxpourlenfance.blogspot.com/p/le-cahier-de-doleances.html, Éditions Pétra, 2010.
10. Rapoport D. (2006), « En passant par la maternité : première rencontre avec la bien-traitance ? », dans *La bien-traitance envers l'enfant*, p. 33.

Références bibliographiques

ASSOCIATION SPIRALE, « Bien-traiter la grossesse et la naissance », dans États générEux pour l'enfance, *Cahier de doléances pour eux*, Paris, Éditions Pétra, 2010, p. 23.

AUCHER M.-L., *En corps chanté*, Paris, Hommes et groupes éd., 1987.

BELAICHE R., « L'objet du crime ? », dans BOUCHART A., RAPOPORT D., THIS B. (dir.), *Délivrances, ou le placenta dévoilé*, Stock, coll. « Les cahiers du nouveau-né », n° 8, 1989, p. 167.

BEN SOUSSAN P., *La grossesse n'est pas une maladie*, Paris, Syros, 2000.

BENCHEIKH J.-E., trad. et prés., *Le voyage nocturne de Mahomet*, Paris, Imprimerie nationale, 1988, p. 65.

BESSIS R., *Tout sur l'échographie de la grossesse*, Paris, Stock/L. Pernoud, 1991.

BIRMAN C., « Les hommes à l'accouchement », dans *Au monde, ce qu'accoucher veut dire : une sage-femme raconte*, Paris, Éditions La Martinière, 2003, p. 316-331.

BOUCHART A., RAPOPORT D., THIS B., dir., *Délivrances ou le placenta dévoilé...*, Paris, Stock, coll. « Les cahiers du nouveau-né », n° 8, 1989.

BRAZELTON T. B., *La naissance d'une famille ou comment se tissent les liens*, Paris, Stock, 1990.

BUSNEL M.-C., « L'aube des sens aujourd'hui », *Enfance Majuscule*, n° 116, « Les temps de la naissance, 9 mois avant, 9 mois après : quelle continuité ? », janvier-février 2011, p. 6-10.

ISRAËL J. et CHAOUAT G., « Le placenta, un paradoxe immunologique : l'allogreffe fœtale », dans BOUCHART A., RAPOPORT D., THIS B., dir., *Délivrances ou le placenta dévoilé...*, Paris, Stock, coll. « Les cahiers du nouveau-né », n° 8, 1989, pp. 99-105.

CHOPPY É., LOTTHÉ-COVO H., *Petit manuel à l'usage des grands-parents qui prennent leur rôle à cœur*, Paris, Albin Michel, 2006.

CLERGET J., *La main de l'Autre,* Toulouse, Erès, 1997.
CLERGET J., *Comment un petit garçon devient-il un papa ?,* Toulouse, Erès, 2008.
DECANT-PAOLI D., *L'haptonomie,* Paris, PUF, coll. « Que-sais-je ? », 2003.
DIATKINE R., *Langages et activités psychiques de l'enfant avec René Diatkine,* Paris, Éditions du Papyrus, 2004.
DIDIERJEAN-JOUVEAU C.-Z., *Le nouvel art d'être grands-parents,* Breuillet, Éd. L'Instant présent, 2010.
DIDIERJEAN-JOUVEAU C.-Z, « De la succion intra-utérine à l'allaitement au sein : la continuité respectée... », *Métiers de la petite enfance,* n° 176, septembre 2011.
DOLTO C., « Un bébé a besoin d'être humanisé », *Union sociale,* n° 237, mai 2010.
ÉTATS GÉNÉREUX POUR L'ENFANCE, *Cahier de doléances pour eux,* http://etatsgenereuxpourlenfance.blogspot.com/p/le-cahier-de-doleances.html, Paris, Éditions Pétra, 2010.
FEÏJOO J., « Le fœtus, Pierre et le loup... », entretien avec HERBINET E., BUSNEL M.-C. (dir.), *L'aube des sens,* Paris, Stock, 1981, p. 199-212.
FRESCO O., *Entendre la douleur du nouveau-né en maternité. Aux confins de l'oubli,* Paris, Belin, 2006.
FREUD S., *Trois essais sur la théorie sexuelle,* Paris, Gallimard, coll. « Folio. Essais », 1989.
FREUD S., *Le mot d'esprit et sa relation avec l'inconscient,* Paris, Gallimard, coll. « Folio. Essais », 1992.
FREUD S., *Inhibition, symptôme et angoisse,* Paris, PUF, « coll. « Quadrige », 2005.
FREUD S., *Dora : fragments d'une analyse d'hystérie,* Paris, PUF, coll. « Quadrige », 2006.
FRYDMAN R., FLIS-TRÈVES M., *Mourir avant de n'être,* Paris, Odile Jacob, 1997.
GOLDBERG A., « Là où tout commence : l'apport de l'haptonomie à la compréhension du continuum pré- et postnatal », *Enfance Majuscule,* n° 116, « Les temps de la naissance, 9 mois avant, 9 mois après : quelle continuité ? », janvier-février 2011, p. 11-17.
HERBINET E., DOLTO F., GIRODET D. *et al., Naître... et ensuite ?,* Paris, Stock, coll. « Les cahiers du nouveau-né », n° 1-2, 1978.
HURET J.-C., *Le couple, les parents, les enfants. L'haptonomie : un chant d'amour,* Aix-en-Provence, Éditions Persée, 2010.
ISRAËL J., « "Enfin père" après la naissance », *Enfance majuscule,* n° 117, « Les temps de la naissance, 9 mois avant, 9 mois après : quelle continuité ? », mars-avril 2011, p. 5-12.

Israël J., Rapoport D., dir. (2011), *Spirale*, n° 57, « L'aube des sens, une révolution inachevée », Erès.

Lacan J., « Discours de Rome », *Autres Écrits*, Le Seuil, 1953.

Lacan J., « Les cinq formes de l'objet petit a », dans *Séminaire, livre X, L'angoisse*, Le Seuil, 2004, p. 320.

Le Collectif « Pas de zéro de conduite », *Enfants turbulents : l'enfer est-il pavé de bonnes intentions ?* Erès, 2011 et www.pasde0deconduite.org/

Leboyer F., *Pour une naissance sans violence*, Paris, Le Seuil, 1974.

Magre S., Gruszow S., Vigier B. (2002), « La différenciation sexuelle », *La Recherche*, HS n° 6, p. 36.

Marinopoulos S., Nisand I., *Elles accouchent et ne sont pas enceintes*, Paris, LLL Éditions, 2011.

Mauvais P., « Socialisation précoce et accueil du très jeune enfant en collectivité », *Devenir*, 2003/3, vol. 15, p. 279-288.

Obaldia R. de, *La Passion d'Émile*, Paris, Grasset, 1998.

Ocelot M., *Kirikou et la sorcière*, Hachette Jeunesse, 1999.

Paperman P., Elaugier S., *Le souci des autres. Éthique et politique du care*, Paris, Éd. de l'EHESS, 2006.

Pernoud L., *J'attends un enfant*, Paris, Éd. Horay, 2011.

Pétroff E., *Carnets d'une obstétricienne*, Paris, Albin Michel, 2002.

Piéjus M., « Du concept de "Maison de naissance" à l'expérience de l'équipe du CALM (Comme à la maison) », *Enfance Majuscule*, n° 116, « Les temps de la naissance, 9 mois avant, 9 mois après : quelle continuité ? », janvier-février 2011, p. 24-26.

Platon, *Le Théétète*, Garnier/Flammarion, 1967.

Rapoport D., (textes rassemblés par), *Corps de mère, corps d'enfants*, Paris, Stock, « Les cahiers du nouveau-né », n° 4, 1980-96, p. 159.

Rapoport D., « Lorsque parler ne veut pas dire », *Spirale*, n° 6, « Madame Dolto » (dossier coordonné par F. Authier-Roux), Erès, 2000, p. 55-61.

Rapoport D., *La bien-traitance envers l'enfant*, Paris, Belin, 2006.

Rapoport D. (dir.), *Enfance Majuscule*, n° 116, n° 117, « Les temps de la naissance, 9 mois avant, 9 mois après : quelle continuité ? », janvier-février et mars-avril 2011.

Roth E. et Knezovic-Daniel N., « Accoucher dans une "usine à bébés" ? », *Spirale*, n° 54, « Lieux de naissance », juin 2010, p. 113-126.

Sallez H., This B., *Tous jaloux ? Lorsqu'un autre enfant paraît*, Paris, Belin, 2005.

Surani A., *Genomic Imprinting, Frontiers in Molecular Biology*, Company of Biologists, 1990.

THIS B., *La psychanalyse, science de l'homme en devenir,* Paris, Casterman, 1960.

THIS B., *Naître,* Paris, Aubier-Montaigne, 1972.

THIS B., *Naître... et sourire : les cris de la naissance,* Paris, Aubier-Montaigne, 1977.

THIS B., *Le Père : acte de naissance*, Paris, Le Seuil, 1980.

THIS B., *Neuf mois dans la vie d'un homme,* Inter Éditions, 1994.

THIS B., *La Maison Verte, créer des lieux d'accueil,* Paris, Belin, 2007.

THIS B., « La bien-traitance, main... tenant », *Enfance majuscule,* n° spécial, 88-89, « La bien-traitance interrogée : naître, grandir, se construire », août 2006.

TRIOULAIRE C., « Accueillir en crèche l'enfant et le couple parental, ou du bon usage de la Prestation de service unique (PSU) », *Enfance majuscule,* 87-88-89, « La bien-traitance interrogée », août 2006, p. 78-79.

VALÉRY P. (1960), « Palmes », dans *Œuvres,* t. I, Gallimard, coll. « Bibliothèque de la Pléiade ».

VELDMAN F. (1989), *Haptonomie, science de l'affectivité,* PUF.

Table des matières

Imprimé en France par la Nouvelle Imprimerie LABALLERY à Clamecy
N° d'édition : 003567-01 - N° d'imprimeur : 108258
Dépôt légal : septembre 2011